小学 1・2年生の

クロスワード
パズル

国立大学法人
お茶の水女子大学附属小学校
監修

JN049887

朝日新聞出版

おうちの方へ

　子どもたちは、好奇心にあふれています。身の回りのすべてのものが、知りたいことであったり、やってみたいことだったりするのです。この本は、そんな子どもたちが、ゲーム感覚で、知っている言葉を正確に理解したり、新しい言葉を身につけたりすることをねらって作られています。

　1・2年生の子どもたちは遊びの中から学びます。また、生活すべてが遊びにつながっていて、そこでは国語や算数という区別がついているわけではありません。目についたこと面白そうなことは、教科の枠を超えて、子どもたちの気持ちをとらえます。ですから、本書のクロスワードも、様々な分野から出題しています。内容は、おおむね1・2年生で学習することに合わせていますが、学年を飛び越えてもっと深く知りたいと思うことが出てくるかもしれません。クロスワードを出発点にして、解答の解説を読みながら理解を深めてください。

　遊びながらいろいろなことに関心をもち、自分で学んでいってくれるようになることが、私たちの願いでもあります。本書がそのスタートとなることを期待しています。

お茶の水女子大学附属小学校副校長

神戸　佳子

ことばのぼうけんに出ぱつ！

げんき、ひなた、ようせいのフワワは、楽しいことが大すきな
なかよし3人組。ある日、3人は「このせかいにでんせつの
どうぶつがいる」というウワサを聞いたよ。
大きなツバサ、とがったツノ、するどいツメをもっている
でんせつのどうぶつって一体何!?
これから出されることばのクイズをといて、
でんせつのどうぶつの正体を
つきとめよう！
さぁ、ことばのぼうけんに出ぱつだ！

でんせつの……!?

フワワ

げんき

ひなた

この本のつかい方

もんだいのページ

クリア表
何もん目まで
クリアしているかわかるよ。
クリアしたもんだいには、
クリアスタンプがつくよ。

答えを書くマス

もんだい番ごう

たてのカギ

よこのカギ

ダンゴムシはぬれた
からだが大すきだよ！

38

レベル ★★★☆

⌐ たてのカギ ┐

生活 七五三のおいわいでもらう
長いアメのおかしだよ。

音楽 この音ぷの名前は？ ♪

生活 ザリガニのえさは、食パン、にぼし、
魚肉□□□□などだよ。

⌐ よこのカギ ┐

生活 ダンゴムシは、パリパリの青いはっぱよりも、
茶色くなった□□□□をよく食べるよ。

図工 絵のぐは、ふでをつかったり、
手やゆび先に□□□□□□つけて色をぬるよ。

生活 岩の絵のような紙とわりばしで
作る、紙の人形げきのこと。
はっぴょうでつかうこともあるね。

算数 数の線のやじるしがさしている数字は
いくつかな？

500　　　　　　　　600

82　　　　　　　　　　　　　　　　83

教科マーク
どの教科で習う
ことばかわかるよ。

スペシャルキーワードのマス

ぜんぶで14こあるよ。ぜんもんといて
143ページに書くと、あるメッセージになるよ！

**もんだいの
レベル**

レベル ★☆☆☆
1年生のやさしいもんだい

レベル ★★☆☆
1年生のむずかしいもんだい

レベル ★★★☆
2年生のやさしいもんだい

レベル ★★★★
2年生のむずかしいもんだい

4

答えのページ

もんだい番ごう　　かいせつ

本マーク
答えの1つをつかった
ことわざなどをしょうかいするよ。

答え

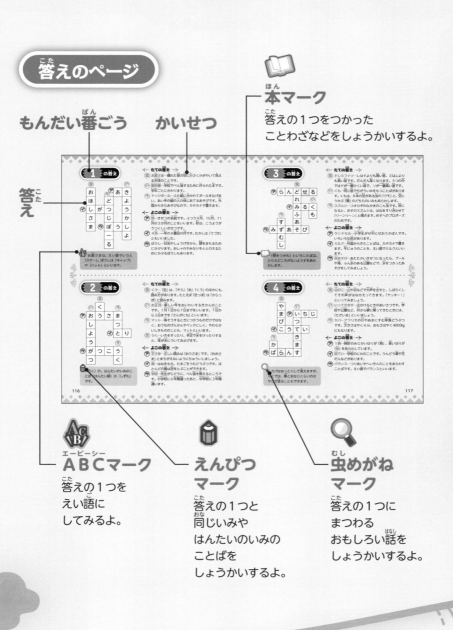

ＡＢＣマーク
答えの1つを
えい語に
してみるよ。

えんぴつ
マーク
答えの1つと
同じいみや
はんたいのいみの
ことばを
しょうかいするよ。

虫めがね
マーク
答えの1つに
まつわる
おもしろい話を
しょうかいするよ。

クロスワードの とき方とルール

① カギを読んで もんだいをとこう

れいだい

たてのカギ

生活 電車が 出ぱつしたり、 止まったりする ところの名前は？

→答えは「えき」だね。

よこのカギ

生活 オタマジャクシは、 せい長すると □□□になるよ。

→答えは「カエル」だね。

たてのカギは、 上から下へ 答えを書こう。

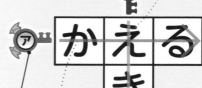

よこのカギは、左から 右へ答えを書こう。

② マスに答えを 書いていこう

教科マークについているカギと 同じカギがついているマスに、 答えを書くよ。

ルール❶ 小さな文字も大きな文字で書こう

「っ」 ➡ 「つ」
「ゃ」 ➡ 「や」
「うちゅう」 ➡ 「うちゆう」

ルール❷ すべてひらがなで書こう

「37」 ➡ 「さんじゆうなな」
「ピアノ」 ➡ 「ぴあの」
「cm」 ➡ 「せんちめーとる」

ルール❸ のばす音はたてもよこも「ー」と書こう

✦ たてのカギ ✦

音楽 『きらきら星』は、空にうかぶ
□□□□□の歌だよ。

生活 じゅぎょうでつかう本のことだよ。
教科ごとにあるよ。

国語 カタカナにしたほうがよいのはどちらかな？
下からえらんでね。

おいかけっこ　　どっじぼーる

✦ よこのカギ ✦

国語 つぎの□に、あてはまることばは何かな？
「春→夏→□→冬」

国語 入学しきは何月にあるかな？

体育 体いくの時間に、頭にかぶるものは何かな？

レベル ★☆☆☆

❖— たてのカギ —❖

あ 国語
「空」というかん字には
いろいろな読み方があるよ。
「空いろ」は「そらいろ」、「空きびん」は
「あきびん」、「空気」は「□□き」と読むよ。

い 音楽
「もういくつねると」ではじまる
歌のタイトルは？

う 体育
前てんをするとき、ゆかにしいて、みんなの
あんぜんをまもる、やわらかいものだよ。

え 体育
プールでおよげるのは、わたしたちの体が
水に□□からだよ。

❖— よこのカギ —❖

ア 国語
「王さま」の読み方は、どちらかな？

おうさま　　おおさま

イ 国語
インコ、スズメ、ニワトリ、フクロウ、
ダチョウ。みんな□□のなかまだよ。

ウ 生活
先生や友だちとべん強したり、
あそんだりするところだよ。

レベル ★☆☆☆

◄═ たてのカギ ═►

音楽 □□□□□□は音の名前だよ。

国語 虫の名前だけど、空にふわふわ
うかんでいるものの名前でもある
ことばは何かな？

生活 秋に「リーンリーン」と鳴く虫の名前は？

◄═ よこのカギ ═►

生活 学校に行くとき、みんなこれを
せおっているね。

国語 カタカナにしたほうがよいのは、
つぎのうちどれかな？

みるく　たまご　ごはん

体育 水をかけ合ったり、水にういたり、
水中をうごき回ったりして、
楽しむあそびを何というかな？

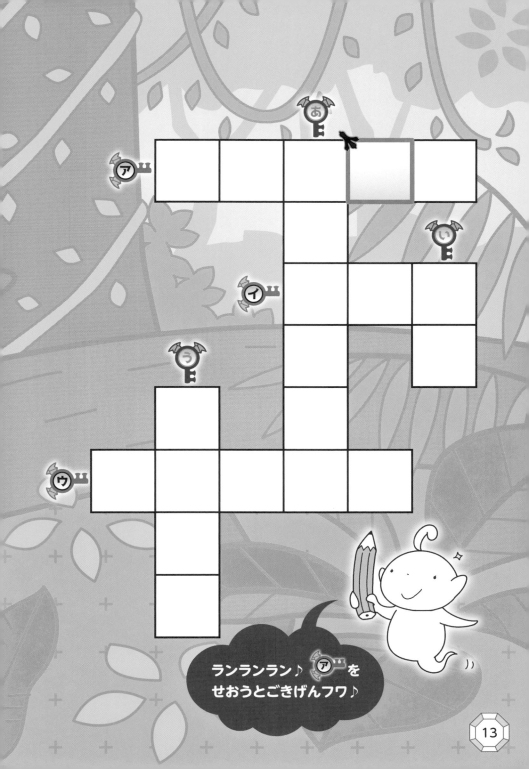

ランランラン♪ を
せおうとごきげんフワ♪

13

レベル ★☆☆☆

⊰ たてのカギ ⊱

あ 音楽
山にむかって大きな声を出すと、
声がかえってくること。

い 生活
家を出るときのあいさつは、
何というかな？

う 生活
水の中でせいかつする大きなどうぶつだよ。

⊰ よこのカギ ⊱

ア 算数
右の時計を読もう。

イ 生活
学校で体いくをしたり、
休み時間にあそんだりする
場しょを何というかな？

ウ 体育
かた足で立つときは、□□□□が大切だよ。

あ は「ヤッホー」って
さけぶ人が多いね！

国語

ちがうかん字は？

つぎのかん字の中には、ほかとちがうかん字が1つまじっているよ。どのかん字かな？

1. 月 年 日 右
2. 木 花 犬 草 竹
3. 川 雨 水 石
4. 百 足 口 手 耳 目
5. 大 白 中 小
6. 六 三 十 九 円 七

1

2

3

4

5

6

ながめるだけじゃなくて、
声に出して読んでみると、
わかりやすいかもしれないフワ！

17

6

レベル ⭐☆☆☆

✦— たてのカギ —✦

たすけてもらったときや
親切にしてもらったときには、
おれいを言おう。

右の絵のがっきは、
けんばん□□□□□だよ。

むらさき色の野さいだよ。
夏にたくさんとれるよ。

✦— よこのカギ —✦

はやく走ることだよ。

おとなたちが、
町のあんぜんをまもるために、
見まわりをすることだよ。

「はんかち」を□□□□で書くと
「ハンカチ」だよ。

アリが10ぴきあつまると、になるね！

レベル ★☆☆☆

❧ たてのカギ ❧

この中でなかま外れはどれかな?

| アザラシ　タケノコ　オオカミ |

たまごで作るりょう理だよ。
中に野さいや肉を入れるよ。

「おはなが長いのね」と言われ
「かあさんも長いのよ」とかえす、
歌のタイトルは?

❧ よこのカギ ❧

つぎの文でカタカナにしたほうがいい
ことばはどれかな?
「けいと の せーたー」

食べものをほぞんする、
中がつめたい電かせいひんは何かな?

だれかをこまらせたり、
きずつけたりしたとき、
何と言えばいいかな?

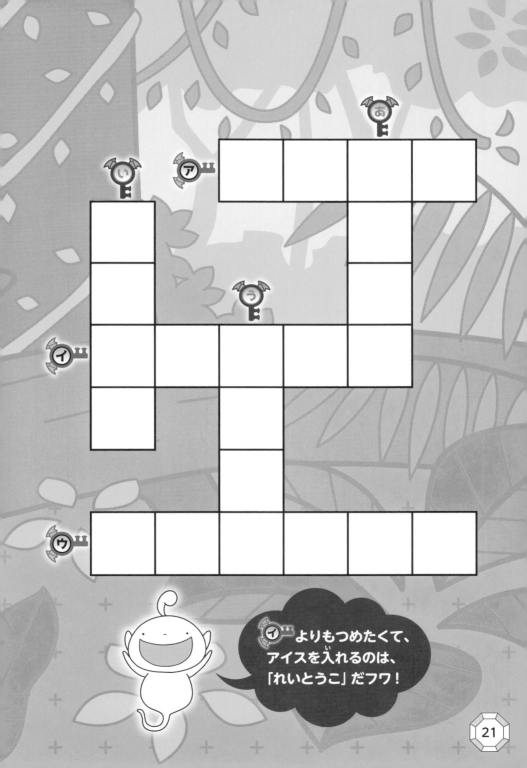

レベル ★☆☆☆

◆━ たてのカギ ━◆

あ 算数
ゆみさんはおかしを6つ、
春さんは4つ食べたよ。ゆみさんは
春さんよりいくつ多く食べたかな？

い 音楽
まいごのこねこが出てくる、
歌のタイトルは、『いぬの□□□□□』。

う 音楽
歌の歌しだよ。
「□□は　広いな　大きいな
月がのぼるし　日がしずむ」。

◆━ よこのカギ ━◆

ア 図工
紙をまん中で□□と、紙が立つよ！

イ 生活
右の絵の子どもは
何であそんでいるかな？

ウ 国語
□□□□□と
お母さんのことを、
りょう親というよ。

イ はどうぶつの名前が入っているよ！

23

レベル ★☆☆☆

◆━ たてのカギ ━◆

あ 国語 右の絵は何かな？

い 国語 「□□□□人」
「□□□□ひこうし」、
あてはまることばは何かな？

う 国語 「も・い・の・か」の4つの文字を
ならべかえると出てくることばは？

◆━ よこのカギ ━◆

ア 国語 右の絵は何かな？
えんぴつやけしゴムが
入っているよ。

イ 体育 リレーや玉入れなど、みんなで
スポーツを楽しむ行じの名前は？

ウ 算数 ぼうしはぜんぶでいくつあるかな？

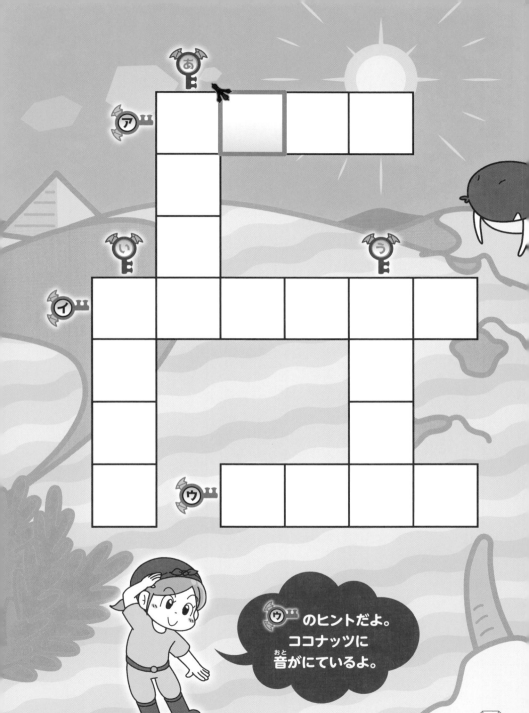

レベル ★☆☆☆

✦— たてのカギ —✦

（国語）
あい手の手と自分の手を
にぎり合うことを何というかな？

（音楽）
音楽を聞いて楽しむことを、
音楽□□□□□というよ。

（生活）
右の絵は、野さいと
その切り口だよ。
ねばねばする
この野さいは、何かな？

✦— よこのカギ —✦

（国語）
「し・あ・か」の３つの文字を
ならべかえると出てくるどうぶつは？

（生活）
火をけすためにつかうよ。
学校にもたくさんおいてあるよ。

（音楽）
子どもたちがあそびながら歌う歌のこと。
むかしから歌われてきたものだよ。

ア のどうぶつのあしは
ふしぎな形だフワ〜！

生活（せいかつ）

何のお花かな？（なん・はな）

つぎの絵を見て、お花の名前を答えてね。（え・み・はな・なまえ・こた）

①

ヒント つるがあるよ。たねの形（かたち）も見（み）よう。

②

ヒント しましまもようのたねだよ。夏（なつ）にさくよ。

③

ヒント 秋（あき）にさくよ。たねはとても小（ちい）さいよ。

④

ヒント わた毛（げ）になってたねをとばすよ。

⑤

ヒント つゆにさくよ。いろいろな色（いろ）があるよ。

⑥

ヒント たねの中（なか）に白（しろ）いこなが入（はい）っているよ。

花と<ruby>花<rt>はな</rt></ruby>たねを
りょうほう<ruby>見<rt>み</rt></ruby>ると、
わかりやすいね！

29

レベル ★☆☆☆

✦— たてのカギ —✦

あ 生活 学校で食べる、お昼ごはんのこと。
みんなで用いして、かたづけもするよ。

い 国語 『おおきなかぶ』や
『おむすびころりん』など、お話のことだよ。

う 生活 頭の大きなツノで、
あい手をなげとばす、
木のじゅえきがすきな虫は何かな？

✦— よこのカギ —✦

ア 算数 つぎの計算のことを何というかな？
「11−8＝3」

イ 生活 ナナホシテントウは七つの水玉、
ナミテントウはいろいろな□□□が、
せなかにあるよ。

ウ 生活 バッタやキリギリスは
ここにいることが多いよ。

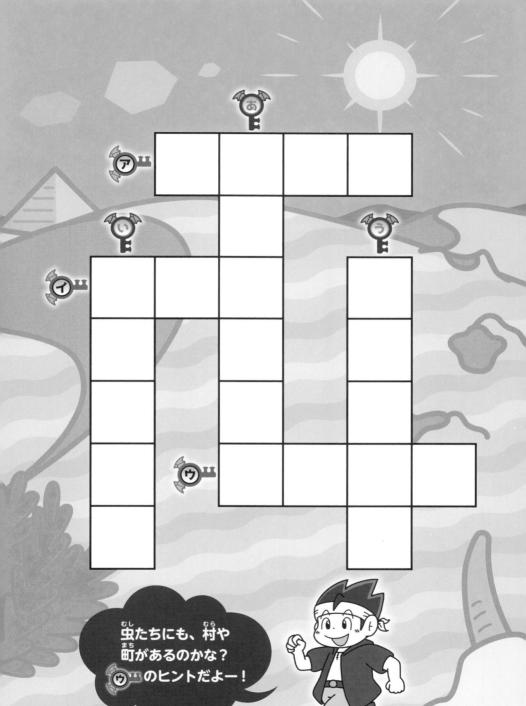

虫たちにも、村や町があるのかな？
ウのヒントだよー！

31

レベル ★☆☆☆

たてのカギ

あ 国語
つぎの文でカタカナにしたほうがいいことばは？
「あまくて おいしい ちょこれーと」

い 音楽
右の絵のがっきは何かな？

う 音楽
歌うときは、口をあけて
大きな□□で歌おう。

よこのカギ

ア 算数
スプーンはぜんぶで
何本あるかな？

イ 国語
はなれた場しょにいる人と
話ができるよ。

ウ 国語
つぎのかん字を読もう。「男」

エ 図工
右の絵は何かな？
絵や工作などの作ひんに
色をつけるための
ものだよ。

イのヒントはわたしの
すきな歌。「でーんでん
むしむしかたつむり〜♪」

33

レベル ★★☆☆

❦ たてのカギ ❦

右の時計は、9時何分かな？

文字を書くときにつかうもので、
けずるとどんどんみじかくなるよ。

公園にある、すなあそびが
できるところを何というかな？

❦ よこのカギ ❦

金曜日と日曜日の間は、何曜日？

右の絵は何かな？
日本にむかしからある
おもちゃだよ。

「でんわ〇〇〇〇」「ゆうびん〇〇〇〇」
あてはまることばは？

昼間のあいさつは何というかな？

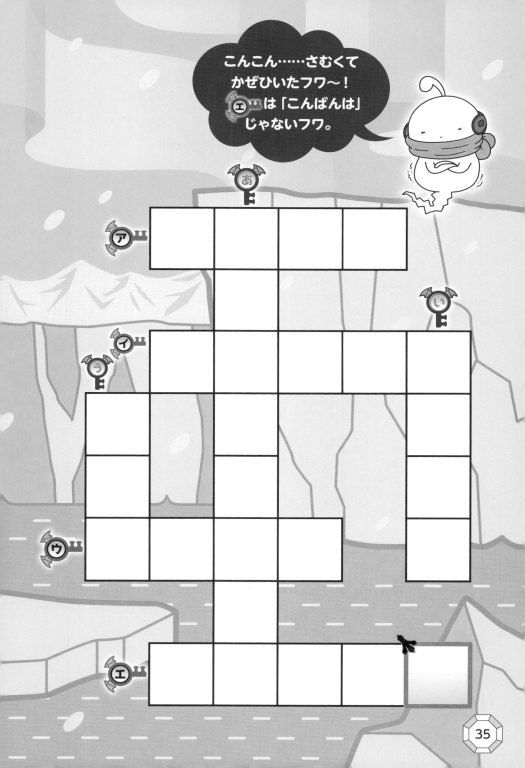

➤ たてのカギ ➤

あ 音楽
貝がらを2まい合わせたような形の
がっきの名前は?

い 算数
子どもがならんでいるよ。
正さんの前に4人いるよ。
正さんは前から何番目?

う 国語
あたたかいきせつになると、
遠い南の国から
日本にとんでくる鳥だよ。

➤ よこのカギ ➤

ア 国語
この中でなかま外れはどれかな?

赤ちゃん	草むら	水たまり

イ 図工
ねん土をつかうときは、
これの上で作ひんを作るよ。

ウ 算数
リンゴが3つあるよ。
2つ食べると、のこりはいくつ?

エ 生活
おめでたいときにつかうことばだよ。
たん生日やお正月につかうよ。

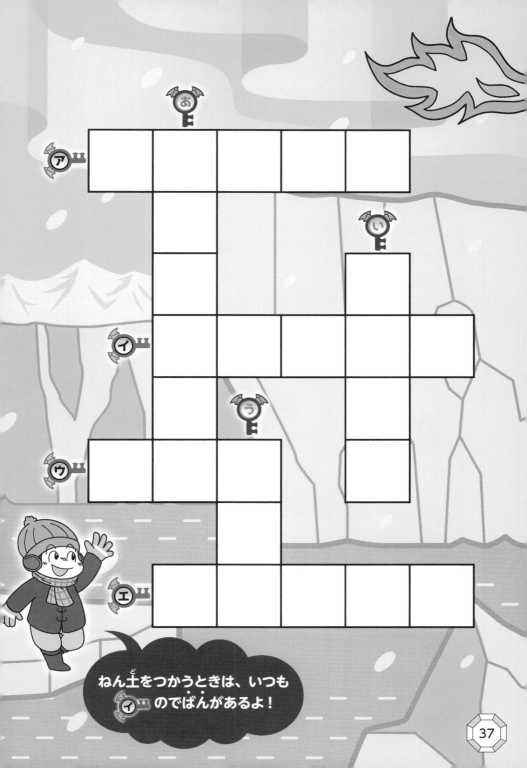

ねん土をつかうときは、いつも
イ のでばんがあるよ！

たてのカギ

同じ音を2回くりかえすと出てくる、
ピンク色のくだものは何かな？

三角の形をしたがっきの名前は何かな？
金ぞくのぼうでたたいて音を鳴らすよ。

子どもでもうんてんできるのはどちらかな？

電車　自てん車

よこのカギ

ウサギににているけれど、
ネズミのなかまのどうぶつだよ。
小さくて丸い耳、みじかい手足で、
しっぽはないよ。

11と9、大きい数はどっちかな？

「がっこう」を□□□で書くと、「学校」だよ。

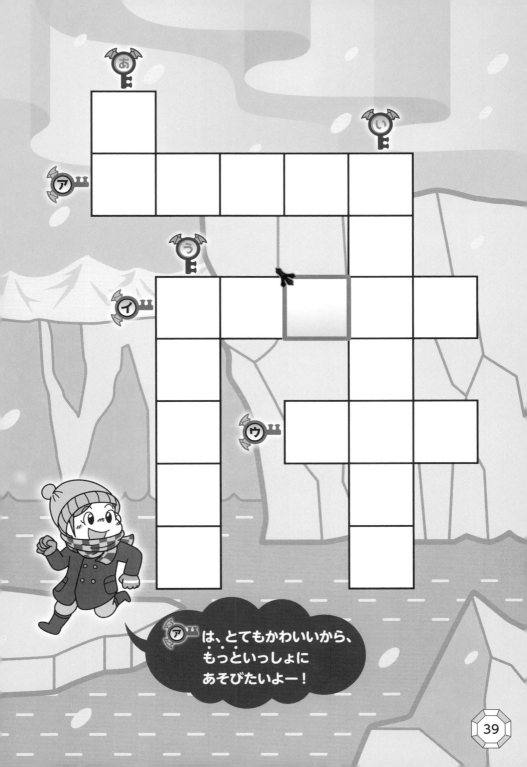

は、とてもかわいいから、
もっといっしょに
あそびたいよー！

レベル ★★☆☆

◆― たてのカギ ―◆

あ 国語
小学校に入学したとき、
みんなは何年生かな？

い 体育
かけっこやリレーは、
□□□にむかって走るよ。

う 生活
冬になると、水道の水は□□□□よ。

え 図工
絵をかくときにつかう紙だよ。
クレヨンや絵のぐをぬることができるよ。

◆― よこのカギ ―◆

ア 生活
春にさく花で、赤や白、黄色など、
いろいろな色があるよ。

イ 生活
外から家に帰ったら、
手あらいと□□□をしっかりしよう。

ウ 国語
この中でなかま外れはどれかな？

グラタン	オレンジ	電車

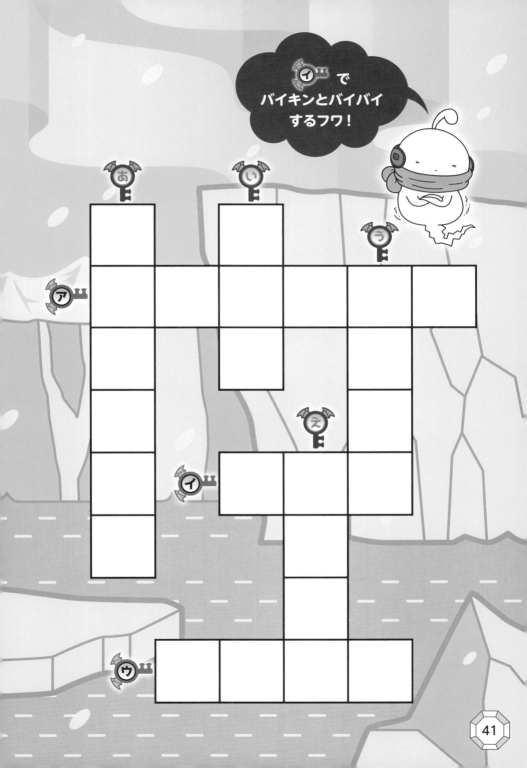

図工

ことばさがし

8つの色がかくれているよ。たて（上から下）、
よこ（左から右）にしか、すすめないよ。
2文字いじょうのことばをさがしてね。

あ	ゆ	お	れ	ん	じ
か	ん	む	う	す	け
を	へ	ら	み	ど	り
あ	お	さ	り	く	ね
た	て	き	い	ろ	こ
よ	し	ろ	ふ	ま	る

ことばさがし

8つの生きものがかくれているよ。たて（上から下）、よこ（左から右）にしか、すすめないよ。3文字いじょうのことばをさがしてね。

ク	ウ	サ	ギ	ク	シ
コ	ア	ラ	オ	ワ	タ
オ	ヒ	サ	ネ	ガ	ヌ
ロ	ル	ナ	ミ	タ	キ
ギ	カ	ブ	ト	ム	シ
キ	リ	ン	ス	シ	ケ

レベル ★★☆☆

たてのカギ

風がふくとクルクル回る
おもちゃの名前は何かな？

えんぴつで書いているとき、
まちがえたらこれでけせるよ。

かけっこの走りはじめる場しょのことを、
□□□□地点というよ。

よこのカギ

つかったものを、もとにもどすことだよ。
ちらかっているものを、
きちんとととのえることでもあるよ。

「ちぢむ」のはんたいのいみのことばは？

つぎのうち、カタカナで書いたほうが
いいのは、どちらかな？

ぼうし　ますく

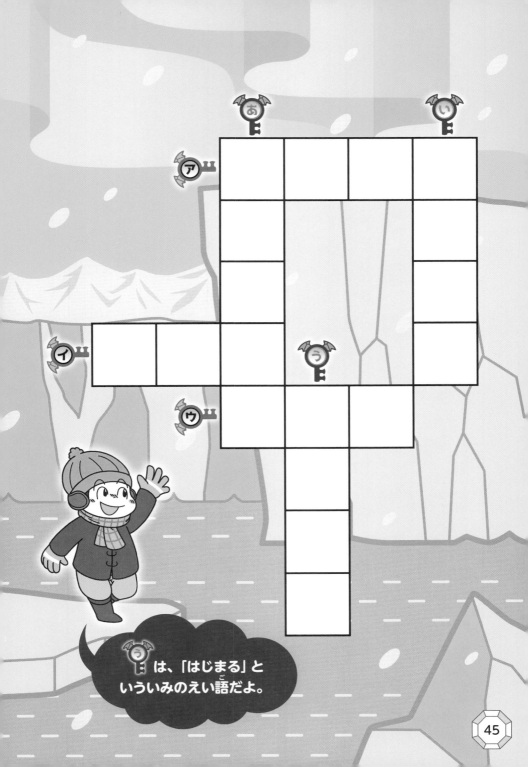

20
クリア！ クリア！ クリア！ 20
クリア！ クリア！ 21 25 26
クリア！ クリア！ 24
22 23 27

レベル ★★☆☆

◆— たてのカギ —◆

算数
お店にかさが15本あるよ。
そのうち7本が売れたよ。のこりは何本？

生活
花をそだてるときは、せい長の□□□を
つけて、後でふりかえろう。

国語
「ペンギン」をひらがなで書いてみよう。

◆— よこのカギ —◆

生活
雪を丸めてなげ合うあそびのことだよ。

音楽
金ぞくのいたが
けんばんみたいにならんだがっき。
バチでたたいて音を出すよ。

国語
体けんしたことや考えたことなどを
文しょうにすることや、
その文しょうを何というかな？

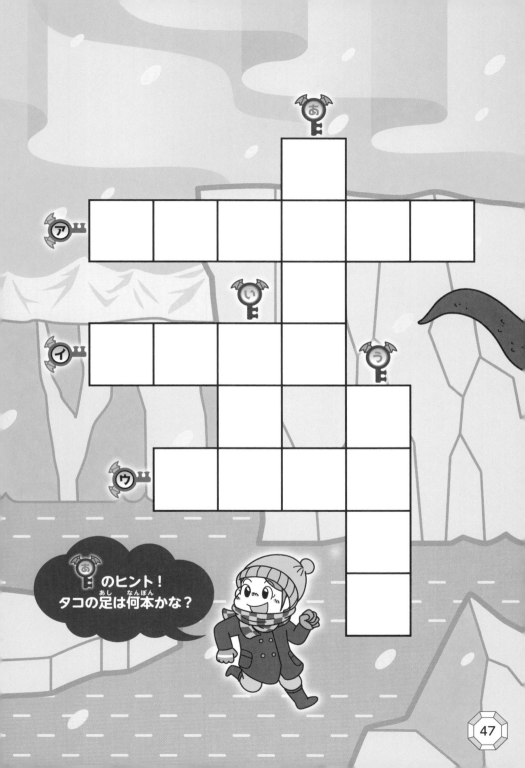

あ のヒント！
タコの足は何本かな？

たてのカギ

あ 音楽
「ぶんぶんぶん はちがとぶ」
という歌しではじまる
歌のタイトルは？

い 体育
「おに」がほかの人をつかまえる
あそびの名前は何かな？

う 生活
右の絵は何の木のはっぱかな？

よこのカギ

ア 国語
いろいろなどうぶつを見たりさわったり
することができる場しょの名前は？

イ 図工
赤色と黄色をまぜると
何色になるかな？

ウ 算数
えんぴつはぜんぶで
何本かな？

エ 生活
学校で一番上に立つせきにんしゃは、
□□□□□先生。
ようち園だと園長先生だね。

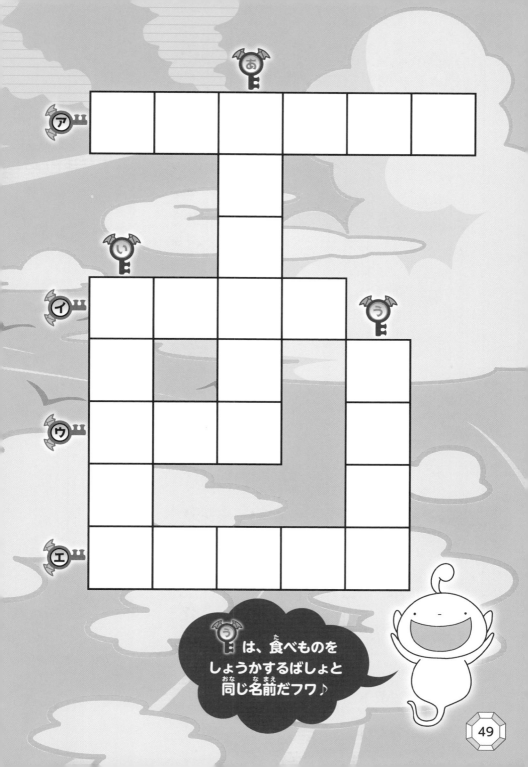

たてのカギ

あ 生活

石けん水をストローの先につけて、
はんたいがわからふくと、
出てくる丸い玉は何？　空をとぶよ。

い 国語

正しいのはどちらかな？

| ひっこし　　ひこっし |

う 生活

道ろで、青色は「すすめ」
黄色は「ちゅうい」、赤色は「止まれ」と
教えてくれるものは何かな？

よこのカギ

ア 算数

2つの数を足してその合計を出す
計算の方ほうを何というかな？

イ 生活

さわると体を丸くして、
かたくなってしまう虫の名前は？

ウ 国語

丸くて青い、
みんながすんでいるところは
何という名前かな？

あ

ア

う

く

イ

ウ

ウ が青く見えるのは、
海があるからなんだって！

51

レベル ★★☆☆

たてのカギ

のこぎりのようなかっこいい
大きなアゴをもった虫の名前は？

学校にある、うんどうするための
大きなへやの名前は何かな？

土の中にすんでいる、
黒くて小さい虫だよ。

よこのカギ

ひこうき、車、船は、
ぜんぶ□□□□のなかまだね。

5月5日に子どもの
せい長をねがってかざる、
コイの形をしたものの名前は？

うごきをあらわすことばはどれかな？

あるく　さむい　みどり

「レッサー□□□」「ジャイアント□□□」、
あてはまることばは？

イ は「やねより高い」で
はじまる歌もあるよ！

53

レベル ★★☆☆

◆─ たてのカギ ─◆

あ 生活
右の絵の
おもちゃの名前は？

い 生活
右の絵のバッタの名前は？
ダイミョウバッタともいうよ。

う 図工
ほかの色をまぜても作ることができない
色は、「赤」「黄」と何色かな？

◆─ よこのカギ ─◆

ア 国語
つぎの文でカタカナにしたほうが
いいことばは？　「うわぎ の ぽけっと」

イ 国語
つぎのかん字のうち7画のものは？

雨　　車　　金

ウ 生活
朝の□□□□は「おはようございます」だね。

エ 算数
たし算でつかう「+」は何と読む？

あ

い

ア

イ

う

ウ

エ

は空や水を
イメージする色だフワ♪

55

25
クリア！ クリア！ クリア！ クリア！ クリア！ クリア！ クリア！ クリア！ クリア！ クリア！ クリア！ クリア！

25 26 27

算数

てんつなぎ

ものの数え方で正しいものを線でむすんでね。

1 ● ● ひき

2 ● ● わ

3 ● ● さつ

4 ● ● とう

5 ● ● だい

てんつなぎ

いくらかな？　正しいものを線でむすんでね。

  5円

   50円

  ● 500円

  ● 200円

  ● 30円

たてのカギ

あ 音楽 川の中にある、楽しそうなメダカの
小学校のようすを歌った歌のタイトルは？

い 生活 □□□がひらいて、花がさくよ。

う 算数 4ひきのセミがいるよ。
3びきのセミがとんできたよ。
ぜんぶで何びき？

よこのカギ

ア 国語 「メガネ」をひらがなで書いてみよう。

イ 生活 ふくやくつにひっつくから
「ひっつき虫」とよばれている
しょくぶつの名前は？

ウ 国語 つぎのかん字を読もう。「左」

エ 生活 校しゃの中では、くつをぬいで
□□□□にはきかえよう。

58

レベル ★★☆☆

┝━ たてのカギ ━┥

生活 コオロギのえさは、キュウリやナス、
かつおぶし、□□□などだよ。

国語 「百円玉」をひらがなで書いてみよう。

算数 □□の数え方は、いろいろあるよ。
「ひとつ、ふたつ」「1こ、2こ」
「1ぴき、2ひき」「1さつ、2さつ」

算数 4と7は、7のほうが□□□□数だね。

┝━ よこのカギ ━┥

算数 5が4つあつまるといくつになる?

国語 「マラカスが□□□□□なる」
あてはまるのは?

| シャカシャカ　ジャンジャン |

国語 家ぞくのよび方だよ。
ママとよぶ子もいるよ。

生活 じこしょうかいのとき、はじめに言うよ。
プリントやもちものにも書くよ。

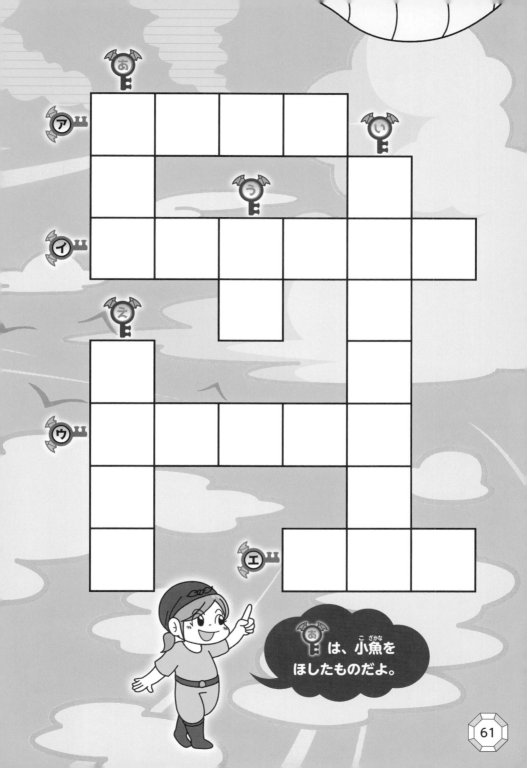

あ は、小魚をほしたものだよ。

レベル ★★★☆

たてのカギ

あ 体育
「□□□□□がころんだ」と言って、
おにがふりむくあそびだよ。

い 生活
右の絵は何かな？
冬のさむい日に、
地めんの土をもち上げて
できるものだよ。

う 国語
カタカナにしたほうがよいことばは？
「おーすとらりあの うみは きれいだ。」

よこのカギ

ア 音楽
右の絵のがっきは何かな？

イ 国語
ドアを「引く」のはんたいの
いみのことばは？

ウ 生活
たくさんのバスが出ぱつしたり、
とうちゃくしたりする
場しょのことだよ。
バスターミナルともいうよ。

あ

ア

い

う

イ

ウ

い をふむと、
ザクザク音が鳴るよ！

63

29

レベル ★★★☆

たてのカギ

あ 生活
学校の行き帰りや外であそぶときに、
いつもまもってほしいやくそくのことだよ。

い 生活
北海道さっぽろ市で、冬に行われる
雪とこおりのおまつりの名前は？

う 国語
カタカナにしたほうがよいことばは？
「えれべーたー で ともだちに あう。」

よこのカギ

ア 国語
「ぼくは7才、□□□小学生です。」
どっちが入る？

> だけど　つまり

イ 図工
右の絵の工作の
やじるしのぶ分は、
何でできているかな？

ウ 生活
右の絵は何かな？
道ろにあるものだよ。

は、あやしい人から自分をまもるためのやくそくごとの頭文字だよ！

65

レベル ★★★☆

━ たてのカギ ━

算数 1cm5mmは、何mmかな?

体育 □□□□□ジムは、のぼったり
ぶら下がったりできるゆうぐだよ。

国語 つぎのことばを読もう。「木刀」

━ よこのカギ ━

音楽 いなかの夕ぐれを歌った
ゆう名などうようのタイトルは?

図工 右の絵のように、
紙と紙の間になみ形の
紙をはさんで
できているものは何?

国語 どうしたらよくなるのか考えること。
図工の「工」の字をつかったことばだよ。

う～ん……イ は
ひっこしをするときに
見た気がするフワ。

レベル ★★★☆

❖ たてのカギ ❖

あ 生活 　右の絵の
野さいは何かな？

い 音楽 　だがっきやラッパの音が
とくちょうてきな、
行しんきょくのタイトルは？

う 生活 　人や車があんぜんに
道ろをり用するためにルールなどを
あんないするかんばん。

❖ よこのカギ ❖

ア 音楽 　右の絵のがっきは何かな？

イ 国語 　同じことを何ども聞いて
いやになることを
「耳に□□ができる」というよ。

ウ 算数 　3899と4000、
どっちが大きい数かな？

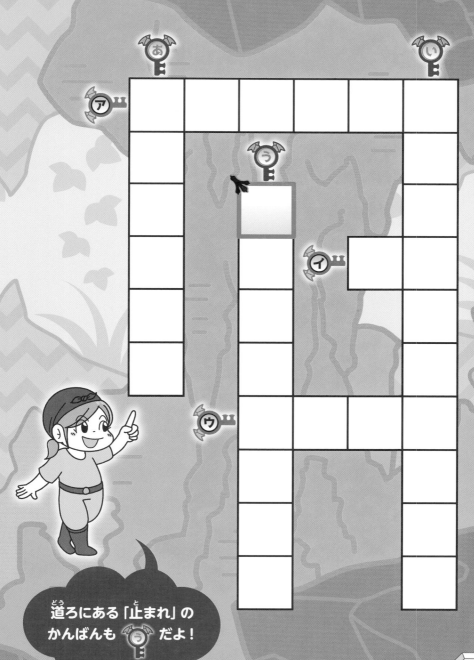

道ろにある「止まれ」の
かんばんも だよ！

32

たてのカギ

国語
「すてる」のはんたいの
いみのことばは?

体育
手や足でグー、チョキ、パーの
どれかを出して、かちまけを
きめることだよ。

生活
秋や冬からそだてる作もつはどれかな?

ダイズ　オクラ　イチゴ

国語
「春・夏・秋・冬」の4つは
何をあらわしているかな?

よこのカギ

算数
2本のへんでかどを作っている点を
□□□□□というよ。

生活
「楽しかったことベスト3」のように、
何かにじゅんいをつけることだよ。

国語
わからないことをだれかに聞くことを、
□□□□というよ。

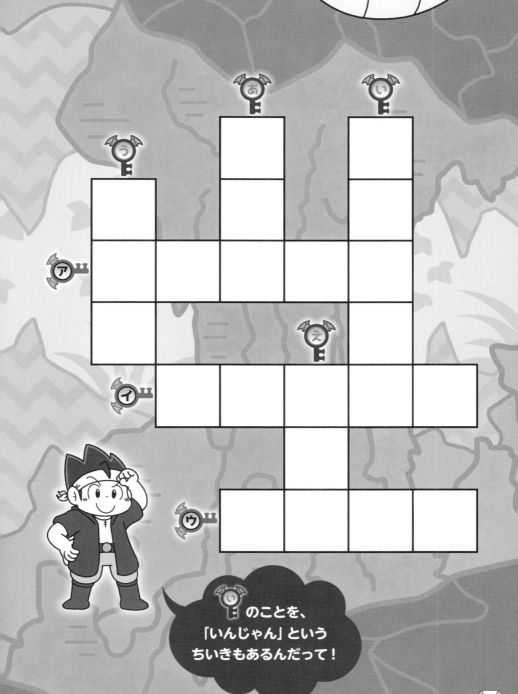

のことを、
「いんじゃん」という
ちいきもあるんだって!

33

ちがうかん字は？

つぎのかん字の中には、ほかとはちがうかん字が1つまじっているよ。どのかん字かな？

1 朝 夜 光 昼

2 国 体 算 生 時 図 音

3 中 下 高 小 大

4 米 牛 魚 鳥 食

5 今 戸 北 公

6 親 組 心 新

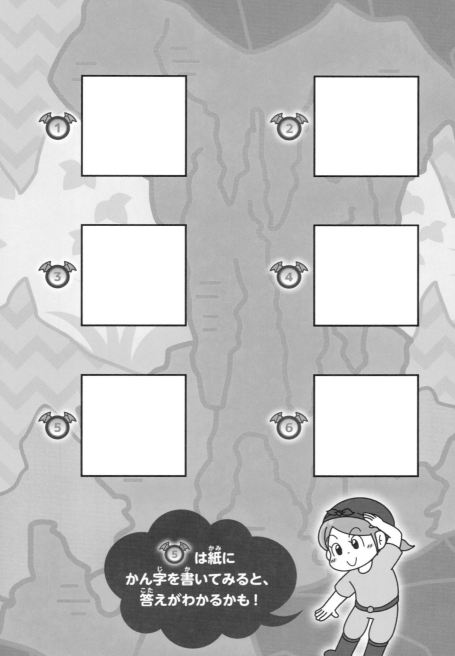

① ② ③ ④ ⑤ ⑥

⑤ は紙に
かん字を書いてみると、
答えがわかるかも！

レベル ★★★☆

たてのカギ

右の時計は何時何分を
さしているかな？

長さをはかるための
道ぐの名前は何かな？

「多い」のはんたいのいみのことばは？

よこのカギ

「□□□□□がおちる」と歌う、
イギリスのはしの名前がついた歌だよ。

たし算で、たされる数とたす数を
入れかえても、答えは□□□だよ。

オタマジャクシのえさはどれかな？

食パン　こん虫　ミカンのは

食べるところが土の中でそだつのは
どっちかな？

ミニトマト　ジャガイモ

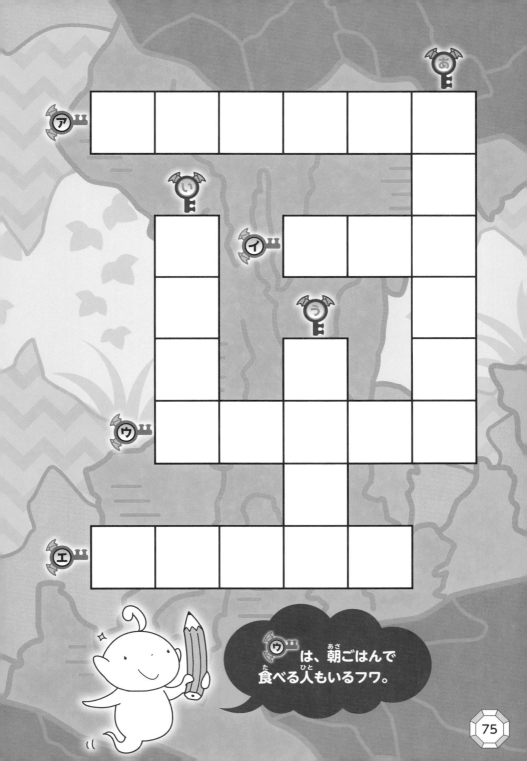

ウは、朝ごはんで食べる人もいるフワ。

75

35

クリア！ クリア！ クリア！
クリア！ クリア！
クリア！ クリア！
35
39 40
38
36 37

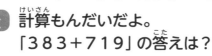

レベル ★★★☆

✦─ たてのカギ ─✦

あ 算数
計算もんだいだよ。
「３８３＋７１９」の答えは？

い 図工
ものとものを
つなげるときにつかう用ぐで、
木工用やプラスチック用などがあるよ。

う 生活
えきでこれを買って、電車にのるよ。

え 体育
おにごっこで、おにがにげている子に
さわることをこういうよ。

✦─ よこのカギ ─✦

ア 生活
朝早くおきて、夜早くねることをいうよ。
子どもがせい長するためにも大じ！

イ 体育
うんどう会のきょうぎで、
高いところにあるかごに玉をなげ入れるよ。

ウ 国語
小さくなることはどっちかな？

ちじむ　ちぢむ

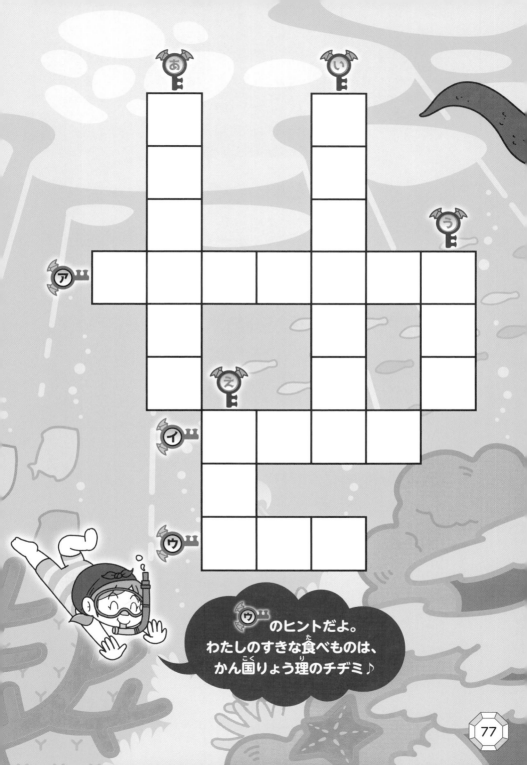

ウ のヒントだよ。
わたしのすきな食べものは、
かん国りょう理のチヂミ♪

77

レベル ★★★☆

◆── たてのカギ ──◆

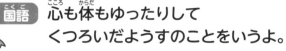
あ　国語
心も体もゆったりして
くつろいだようすのことをいうよ。

い　音楽
けんばんがついたがっきだよ。
足元にはペダルがあるよ。

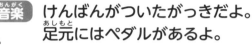
う　生活
虫めがねで、これを見るのはぜったいダメ。
目をいためてしまうよ。

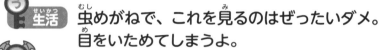
え　国語
つぎのかん字は何と読むのかな？
「多少」

◆── よこのカギ ──◆

ア　生活
すてるときは、
ラベルをはがしてフタをとり、
きめられたところへすてるよ。

イ　生活
□□□□を書くときは、文字は大きくして、
つたえたいことを分かりやすくしよう。
色をつかうのもいいね。

ウ　音楽
はくのまとまりのことを何というかな？

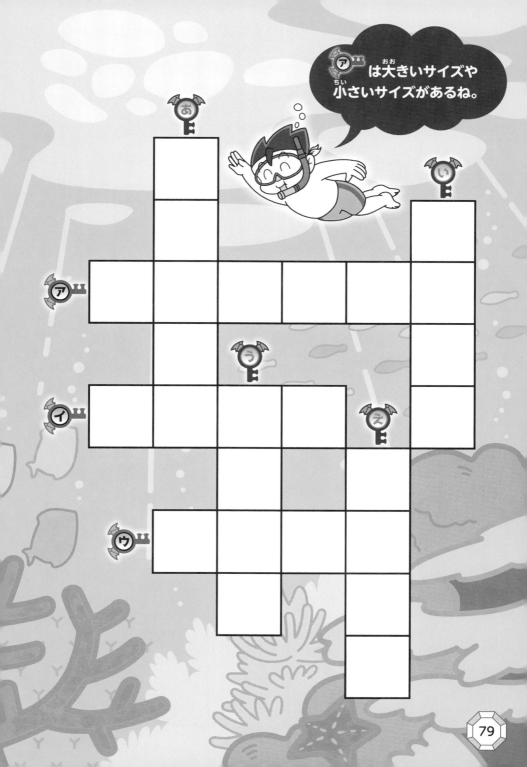

レベル ★★★☆

◄– たてのカギ –►

あ 国語
「ま・り・つ・つ・な」の5文字を
入れかえるとできることばは？

い 音楽
木をくりぬいて作った、
右の絵のがっきの名前は？
たたいて音をならすよ。

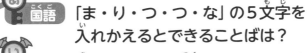

う 算数
4本の直線でかこまれた形のことを
何というかな？

◄– よこのカギ –►

ア 国語
強いものが力をつけて
さらに強くなることを
「おにに□□□□」というよ。

イ 図工
右の絵は何かな？
木でできた細いぼうのことで、
工作にもつかえるよ。

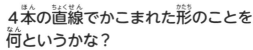

ウ 国語
上から読んでも下から読んでも
同じになる文は□□□□というよ。

エ 図工
紙はんの「はん」を作るとき、
「はん」ぜん体にローラーで
これをつけるよ。

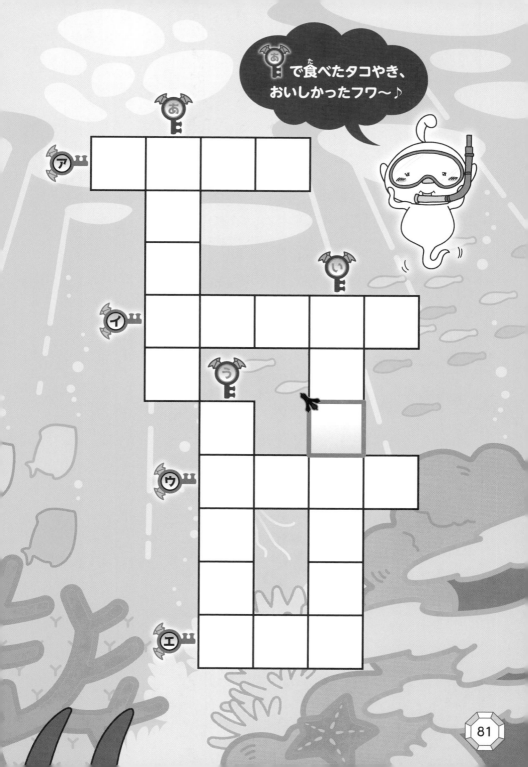

あで食べたタコやき、
おいしかったフワ～♪

レベル ★★★☆

◆たてのカギ◆

あ 生活
七五三のおいわいでもらう
長いアメのおかしだよ。

い 音楽
この音ぷの名前は？ ♪

う 生活
ザリガニのえさは、食パン、にぼし、
魚肉□□□□□などだよ。

◆よこのカギ◆

ア 生活
ダンゴムシは、パリパリの青いはっぱよりも、
茶色くなった□□□をよく食べるよ。

イ 図工
絵のぐは、ふでをつかったり、
手やゆび先に□□□□□つけて色をぬるよ。

ウ 生活
右の絵のような紙とわりばしで
作る、紙の人形げきのこと。
はっぴょうでつかうこともあるね。

エ 算数
数の線のやじるしがさしている数字は
いくつかな？

500 ↓   600

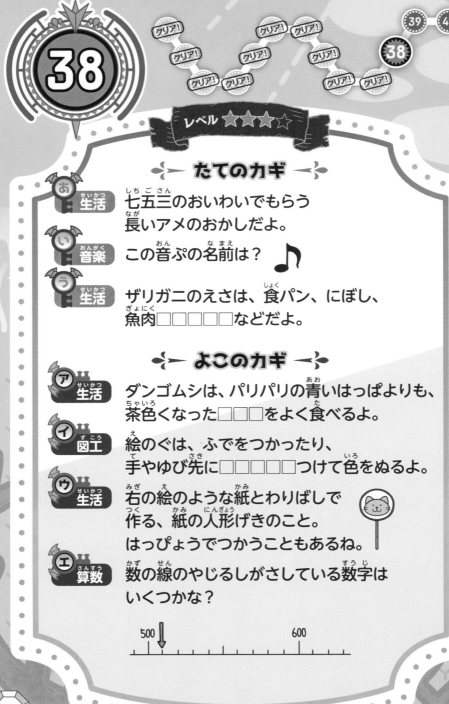

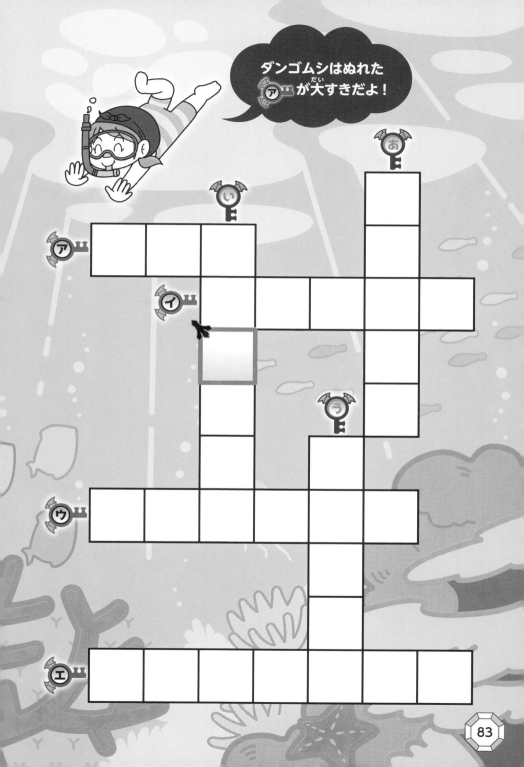

ダンゴムシはぬれた
（ア）　が大すきだよ！

生活

ことばつなぎ

食ざい（りょう理のざいりょうのこと）には、とくに
おいしいじきがそれぞれあるよ。食ざいの名前を答えて、
ことばをつなげよう。色がついたマス目の文字が、
やじるしでつながっているつぎの答えのマス目に入るよ。

1 赤いくだもので、白い花がさくよ。
とくにおいしいじきは春。

2 土の中でそだつよ。やきイモといえば
これ！ とくにおいしいじきは秋。

3 細長い魚で、かん字で書くと「秋刀魚」
だよ。とくにおいしいじきは秋。

4 はっぱはみどり色で、ね元が赤色の
野さいだよ。おひたしで食べたりするよ。
とくにおいしいじきは冬。

5 ハスのくきがふくらんだぶ分で、
中にいくつかあながあいているよ。
とくにおいしいじきは冬。

6 赤いみで、山形けんでたくさん作られて
いるよ。とくにおいしいじきは春～夏。

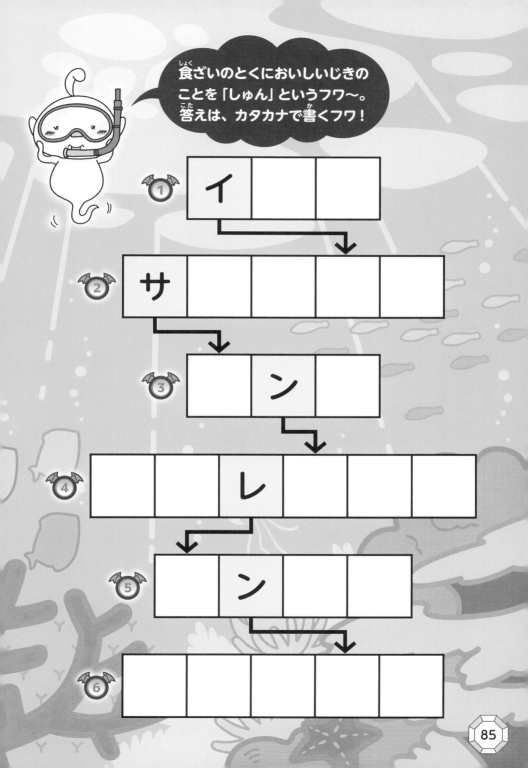

食ざいのとくにおいしいじきのことを「しゅん」というフワ〜。答えは、カタカナで書くフワ！

1. イ
2. サ
3. ン
4. レ
5. ン
6.

レベル ★★★☆

◆— たてのカギ —◆

あ 国語
「あつい夏」の
はんたいのいみのことばは？

い 図工
たまごパックに色をぬって、□□□を
通すと、色のついたかげができるよ。

う 国語
「□□□□と太ようがてりつける。」
どっちかな？

バラバラ　ジリジリ

え 音楽
右の絵のがっきは何かな？
カチカチとした音を出すよ。

◆— よこのカギ —◆

ア 算数
くらいをそろえてたてに書いて行う
計算のことだよ。

イ 生活
秋に行われることの多い、
お米をしゅうかくする作ぎょうのことを
何という？

ウ 算数
えんぴつは70円で、
けしゴムより14円高いよ。
けしゴムは何円かな？

はクラスで人気のがっきかも!?

レベル ★★★★

たてのカギ

国語 「晴れ」「くもり」「雨」は3つとも
□□□をあらわしているよ。

音楽 「ぼくらはみんな生きている」ではじまる
歌は『□□□□を太ように』だよ。

算数 ゲームにかった数だけ
◯をつけたグラフだよ。
一番多くかったのはだれかな？

体育 はずむように歩くことだよ。
よろこびをあらわすことも
できるよ。

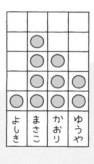

		◯	
	◯	◯	
	◯	◯	◯
◯	◯	◯	◯
よしき	まさこ	かおり	ゆうや

よこのカギ

国語 つぎのことばを読もう。「手作り」

生活 長い紙をくるくるとまいたもの。
つたえたいことをまとめる
方ほうの1つだよ。

図工 新しい考えが思いうかぶことを
何というかな？　図工でも大切だよ。

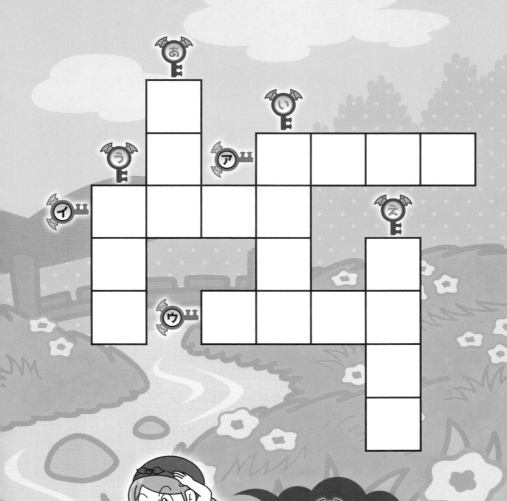

山のは、
かわりやすいんだって！

レベル ★★★★

➤ たてのカギ ➤

図工（ずこう）
ものをはり合わせたり、つなげたり、
たばねたりするときにべんりな用ぐだよ。

生活（せいかつ）
朝（あさ）は、しっかり□□□□□を食（た）べて、
1日中元気（にちじゅうげんき）にすごそう！

国語（こくご）
おくりがなの正（ただ）しいものをえらんでね。

帰（か）える 　 答（こた）る 　 丸（まる）める

体育（たいいく）
野（や）きゅうやサッカーは、2つの□□□に
分（わ）かれてたたかうスポーツだよ。

➤ よこのカギ ➤

生活（せいかつ）
しらべ方（かた）の1つに、□□□□□□□で
けんさくするという方ほう（ほう）があるよ。

算数（さんすう）
計算（けいさん）もんだいだよ。
「700－400」の答（こた）えは？

算数（さんすう）
「10mm＝1□」だよ。
長（なが）さのたんいを答（こた）えてね。

国語（こくご）
「セミやトンボは虫（むし）だ。」
「何（なん）だ」に当（あ）たることばはどれかな？

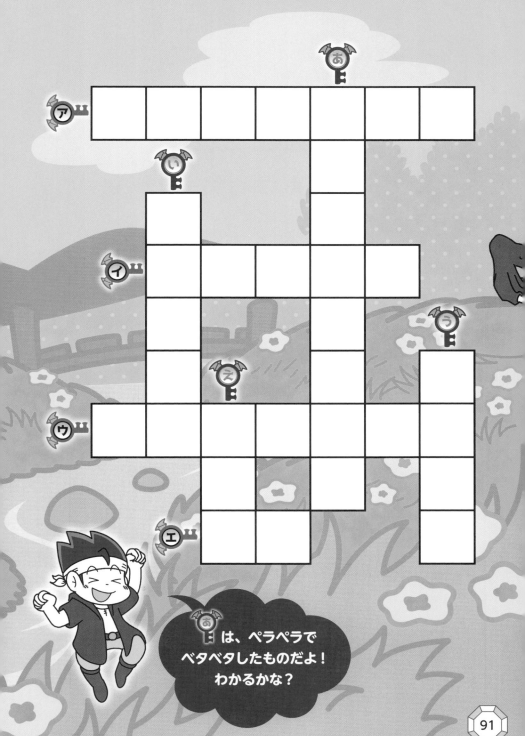

レベル ★★★★

→ たてのカギ ←

体育 (たいいく)
大きなつなを2つのチームに分かれて
引っぱり合うよ。かけ声が大切だよ。

音楽 (おんがく)
音楽をきいていると、□□□にのって
体がうごき出しちゃうね。

国語 (こくご)
「友だちとなか直りして□□□□□。」
あん心した気もちが入るよ。

国語 (こくご)
きょうの夜のことを「今夜」と書くよ。
何と読むかな？

→ よこのカギ ←

生活 (せいかつ)
つゆのじきにははっぱなどに
ついているのをよく見る、
からをせおった生きものだよ。

図工 (ずこう)
かさねた紙をはりでとじることができる
用ぐのことだよ。

体育 (たいいく)
手をついてとびこえたりするうんどうに
つかうよ。高さをかえられるよ。

生活 (せいかつ)
カエルの子どものことだよ。

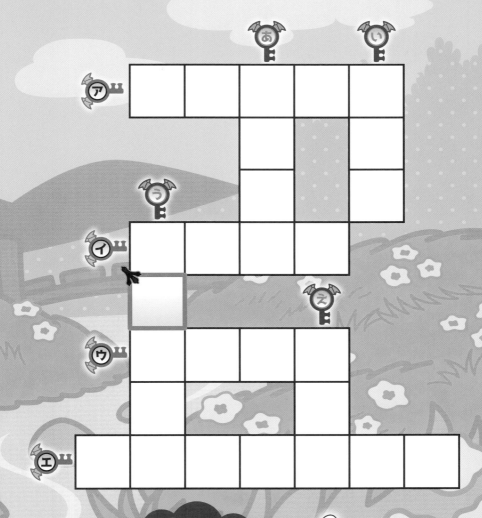

たてのカギ

国語 この中で、なかま外れはどれかな?

黄色　色紙　黒色　茶色

国語「にもつが おもい。」
「どんなだ」に当たることばはどれかな?

生活 野さいは、□□□□をしたり、
ひりょうをまいたりしてそだてるよ。

算数「190cm＝1m□cm」。
□に入る数字をひらがなで答えてね。

よこのカギ

生活 野さいやくだものの
しゅうかくにかんしゃして、
うつくしい月を楽しむ秋の行じ。

国語「さるも木からおちる」は、名人でも
ときには□□□□するといういみ。

生活 道を歩くときは、交通の□□□をまもろう。

図工 まっすぐに線を引くときは、
これをつかうよ。

雨の日は、🔑を
しなくて大じょうぶだよ。

場しょの名前は？

つぎの文しょうを読んで、どんなところのことを
言っているのか、場しょの名前を答えてね。

1 水の中や水べに生きる魚やどうぶつ、
しょくぶつをたくさん見ることができるよ。
イルカなどのショーをやるところもあるね。

2 ケガやびょう気をなおしてくれるところ
だよ。おいしゃさんがいるよ。

3 あるのりものが、やって来たり
出ぱつしたりするところだよ。
このりものにのると、
空をとんで外国にも行けるよ。

4 食べものや日用ひんなど、
いろいろなものを売るお店だよ。
正しい名前は、コンビニエンスストア。
これをみじかくしてカタカナで答えてね。

5 赤い車があるところだよ。
119番に電話をすると、ここにいる人たちが
たすけに来てくれるよ。

46

レベル ★★★★

❖—➤ たてのカギ ➤—❖

あ 図工

画用紙をつかったはんがのことを
何というかな？

い 生活

右の絵は、ある野さいを
上から見たものだよ。
何の野さいかな？

う 算数

230を10あつめた数はいくつかな？

え 算数

「3・9・2・5」の数字をすべてつかって
できる一番小さな数の、一のくらいは？

❖—➤ よこのカギ ➤—❖

ア 生活

右の絵のような、
雪で作った家のことを
何というかな？

イ 生活

学校で、しん長や体じゅうをはかることを
「□□□□そくてい」というよ。

ウ 生活

町の中にある、みんながあそべる場しょは？

エ 図工

水や絵のぐをこぼしてしまったら、
これでふいてきれいにしよう。

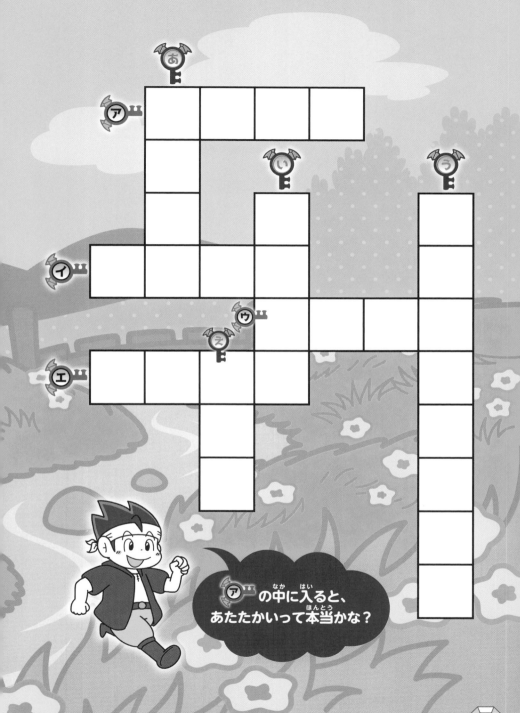

47

レベル ★★★★

━◆━ たてのカギ ━◆━

あ 体育

ラジオ□□□□は、音楽をきいて体を
うごかすよ。夏休みにする子もいるね。

い 生活

目のふじゆうな人がこれをたよりに道を
歩くよ。この上にものをおくのはダメ！

う 算数

プールの長さは25□だよ。
長さのたんいを答えよう。

え 生活

えきのホームでは黄色いブロックの
□□□□まで下がって電車をまとう。

━◆━ よこのカギ ━◆━

ア 図工

紙には、「たて目」と「よこ目」があるよ。
やぶりやすいのはどっちかな？

イ 生活

何かきけんなことがあったら、
これを鳴らしてたすけをよぼう。

ウ 国語

「北・南・東・西」の4つは
何をあらわしているかな？

エ 音楽

カスタネットやもっきんなど、うったり
たたいたりして音を出すがっきのこと。

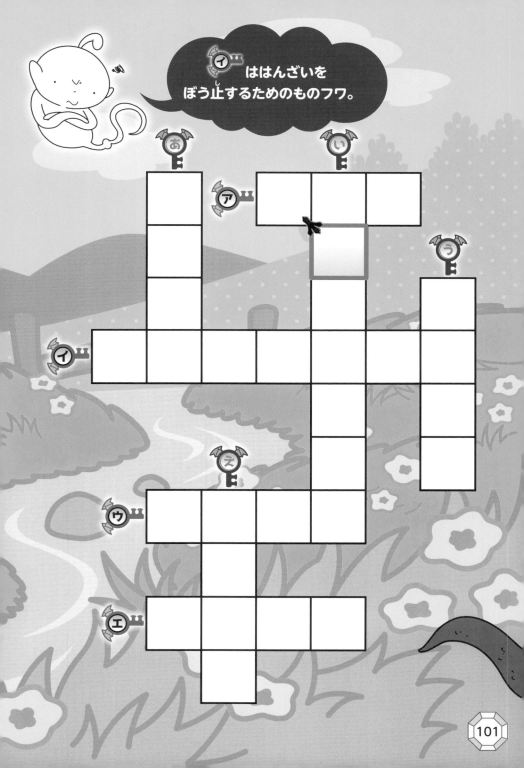

48

レベル ★★★★

◆— たてのカギ —◆

あ 算数

たし算のひっ算で、
さいしょに計算するのは
□□□□□□だよ。

い 国語

つぎのことばを読もう。「夕方」

う 算数

1 L は 10□だよ。たんいを答えてね。

え 国語

「じけんが□□□□した。」どっちが入る？

> かいさん　　かいけつ

◆— よこのカギ —◆

ア 国語

つぎのことばを読もう。「親友」

イ 生活

町たんけんなどで、
しゃしんをとりたいときは、
これをもっていこう。

ウ 国語

こおりが水になることを
「こおりが□□□」というよ。

エ 体育

スポーツは□□□をまもって、楽しもう。

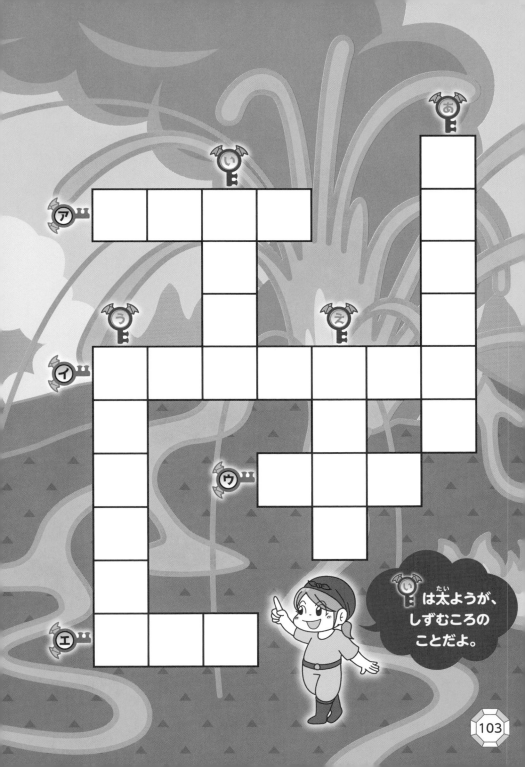

は太(たい)ようが、しずむころのことだよ。

103

49

レベル ★★★★

◆✦ たてのカギ ✦◆

生活 遠足や町たんけんの道ぐは、これに入れて
せおうと、りょう手があいてべんり！

音楽 「ドはドーナツのド」からはじまる
歌のタイトルは？

国語 「前」と「中」と「午」を合わせてできる
3文字のことばは？

算数 「12－3□2＝7」
□には何が入るかな？

◆✦ よこのカギ ✦◆

図工 何かを作るときのもとになるもののこと。
これを用いしてから作りはじめるよ。

生活 ダンゴムシは、犬のえさの□□□□□□も
食べるよ。

算数 10円玉を10まいあつめると
いくらになるかな？

生活 みんなの前で、しらべたことや
自分の考えをつたえる会のことだよ。

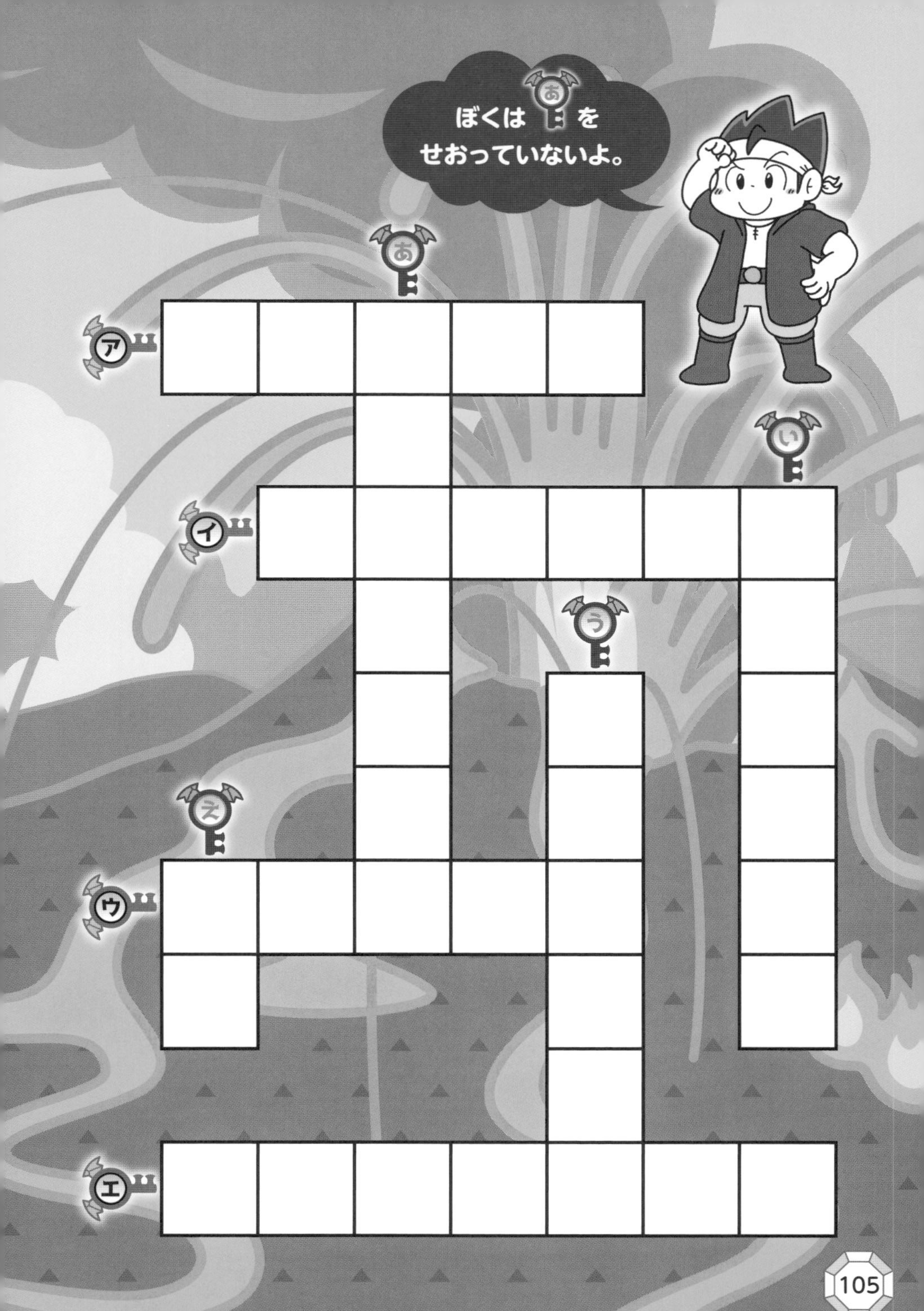

ぼくは **あ** を
せおっていないよ。

ア

あ

イ

い

う

え

ウ

エ

50

クリア！ クリア！ クリア！
クリア！ クリア！
クリア！ クリア！
クリア！ クリア！ クリア！

52 53
51
54
50

レベル ★★★★

❖— たてのカギ —❖

たくさんうごいて、あせをかいたら、
しっかり□□□□□□□□をしよう。

「牛が 大きな 声で 鳴く。」
「何が」に当たることばは？

つぎのことばを読もう。「交わる」

アゲハチョウのたまごが
□□□□□になったよ。

❖— よこのカギ —❖

遠足や町たんけんにもっていくと、
のどがかわいたときもあん心だよ。

足で地めんをけって、
空中にとび上がることを何というかな？

リンゴが4こずつのったさらが、7さら
あるよ。リンゴはぜんぶでいくつかな？

「弟が 姉を よぶ。」
「だれが」に当たることばは？

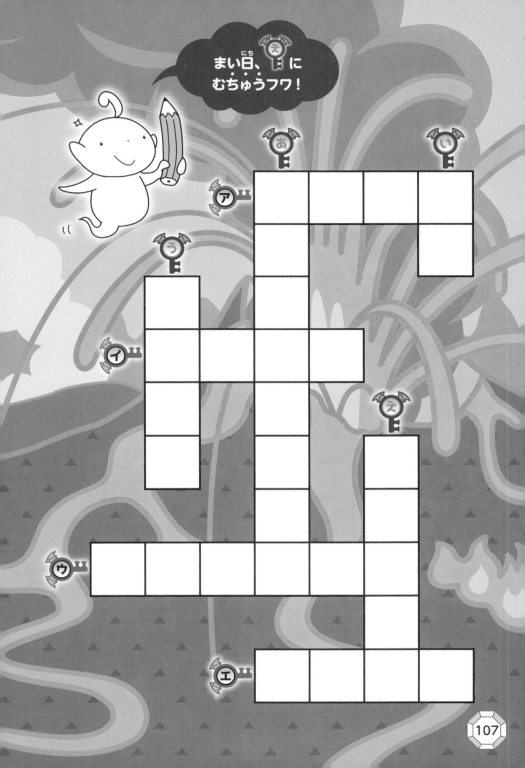

まい日、え に
むちゅうフワ！

国語

「だ・し・い・く・ゅ」の5文字を
入れかえるとできることばは？

体育

野きゅうとサッカーは、
これがないとできないよ。

生活

川や池などでくらしている、
2本のはさみをもった生きものは？

生活

「おには外、ふくは内」といって、
まめをまく、2月の行じのことだよ。

◆── よこのカギ ──◆

生活

日本やせかいのできごとを、
みんなにつたえるためのもの。
紙でできているよ。

生活

つかいおわったものを、もう1回しげんに
もどして、ものを作ることだよ。

国語

つぎのことばを読もう。「新入生」

生活

いろいろな本をかりることができる、
町のしせつの名前は？

ア は、ぎゃくから
読んでも ア になるよ。

52

算数

数字を答えて

つぎのもんだいをといて、右のマスに数字で
答えを書こう。

1 1000を4つ、100を3つ、
1を9つ合わせた数は、いくつかな？

2 あきこさんは赤いおはじきを24こ、
青いおはじきを17こもっているよ。
赤いおはじきを16こもらったよ。
おはじきはぜんぶで何こになったかな？

3 どちらの答えが小さいかな？
小さくなるほうの答えを書いてね。

543－36　439＋71

4 よしきさんは朝の9時30分に家を出て、
昼の15時30分に帰ってきたよ。
よしきさんが外にいたのは何分間かな？

こ

m

分

色のついたマスの
数字を上から読むと、
ふじ山の高さになるフワ!

レベル ★★★★

✦ たてのカギ ✦

生活
右の絵は、何の野さいの花かな？
小さな赤いみがたくさんできるよ。

算数
下の絵のお金はぜんぶでいくら？

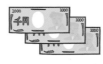

国語
この中でなかま外れはどれ？

兄　父　母　才

国語
つぎのことばを読もう。「昼食」

✦ よこのカギ ✦

算数
右の図の色がぬってあるぶ分は、
ぜん体の何分の１かな？

生活
春にさく、ピンクや白の花びらが
とくちょうてきな、
みんながよくお花見する木は？

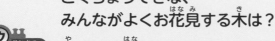
生活
野さいや花をささえるためにつかう、
ぼうやはしらのことを何というかな？

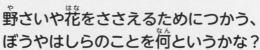
生活
トンボのよう虫のことだよ。

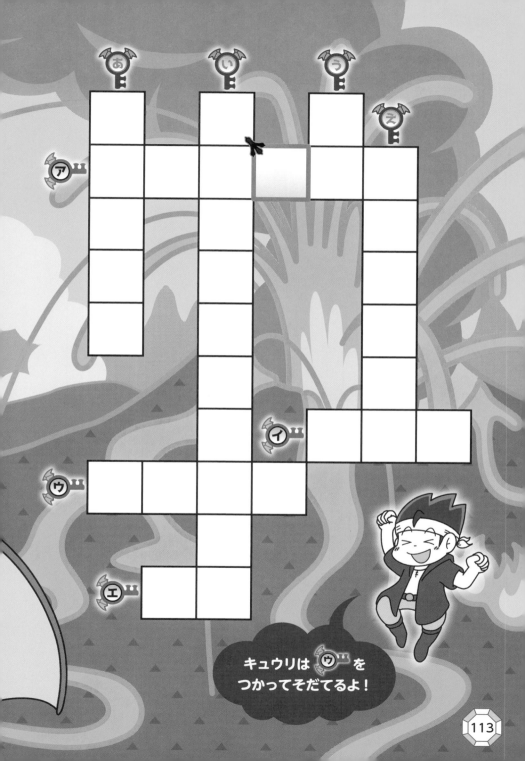

キュウリは を
つかってそだてるよ！

54

レベル ★★★★

┝╾ たてのカギ ╼┥

生活
線ろをよこ切るところにあるよ。
ぼうがおりたり音が鳴ったら入らないでね。

音楽
前の人とずらして歌うのも楽しい、
ある生きものが出てくる歌のタイトルは？

体育
日ざしの強い日は、□□□にちゅうい。
はだが赤くなったら、ひやそう。

国語
「□□□□肉を買いわすれた。」
どっちが入るかな？

うっかり　ぐったり

┝╾ よこのカギ ╼┥

図工
紙を切ったもので、これをつかうと
同じ形のものがたくさんできるよ。

生活
野さいのえいようのこと。
これをまくと野さいが元気にそだつよ。

体育
うんどう中に、□□をしたら、
先生に言ってほけん室へ行こう。

算数
長方形と直角三角形、
直角の数が多いのはどっちかな？

これがさいごの
もんだいだフワ！

115

1 の答え

	あ			ア	あ	き
お			う	ど	あ	き
ほ			ど	つ	よ	う
イ	し	が	つ	じ		か
	さ			じ		し
	ま	ウ	ぼ	う	し	よ
				る		

お星さまは、えい語でいうと「スター」。ぼうしは「キャップ」や「ハット」といいます。

◆— たての答え —◆

あ お星さま…晴れた夜の空に小さくかがやいて見える天体のことです。

い 教科書…学校でべん強するために作られた本です。学年ごとにかわります。

う ドッジボール…ふた組に分かれてボールをなげあい、あい手の組の人の体にあてるあそびです。外国からきたあそびなので、カタカナで書きます。

◆— よこの答え —◆

ア 秋…きせつの名前です。ふつう9月、10月、11月の3か月のことをいいます。秋は、こうようがうつくしいきせつです。

イ 4月…一年の4番目の月です。むかしは「うづき」ともいいました。

ウ ぼうし…日光やしょうげきから、頭をまもるためにかぶります。おしゃれやみなりをととのえるためにかぶるぼうしもあります。

---

2 の答え

	あ		う	
ア	お	う	さ	ま
し			つ	
し		イ	と	り
ょ				
ウ	が	つ	こ	う
つ			く	

「うく」の、はんたいのいみのことば（はんたい語）は「しずむ」です。

◆— たての答え —◆

あ くう…「空」は、「そら」「あ」「くう」のほかにも、読み方があります。たとえば「空っぽ」は「からっぽ」と読みます。

い お正月…新しい年をおいわいするきかんのことです。1月1日から7日までをいいます。1日から3日までを「さんがにち」といいます。

う マット…体そうするときにつかうものだけではなく、おうちのげんかんやベッドにしく、やわらかいしきもののことも、マットといいます。

え うく…いきをすったり、手足で水をけったりすると、体が水にういておよげます。

◆— よこの答え —◆

ア 王さま…正しい読みは「おうさま」です。「おおさま」とまちがえないようにちゅういしましょう。

イ 鳥…はねをもち、たまごをうむどうぶつです。ほとんどの鳥は空をとぶことができます。

ウ 学校…先生がじどうに、べん強を教えるところです。小学校に6年間通ったあと、中学校に3年間通います。

3 の答え

たての答え

- あ ドレミファソ…レはドよりも高い音、ミはレよりも高い音です。だんだん高くなります。5つの中ではドが一番ひくい音で、ソが一番高い音です。
- い くも…同じ音でちがういみをもつことばがあります。くもは、8本の足がある虫の「クモ」と、空にうかぶ「雲」のどちらのいみもあらわします。
- う スズムシ…コオロギのなかまのこん虫です。秋になると、おすのスズムシは、はねをすり合わせて「リーンリーン」と鳴きます。めすへのプロポーズのためです。

よこの答え

- ㋐ ランドセル…小学生がせ中にせおうかばんです。いろいろな色があります。
- ㋑ ミルク…外国からきたことばは、カタカナで書きます。牛にゅうのことを、えい語でミルクといいます。
- ㋒ 水あそび…あたたかいきせつになったら、プールや海、ふん水のある公園などで、水をつかったあそびをしてみましょう。

クロスワード：
㋐	ら	ん	ど	せ	る
			れ		い
		㋑	み	る	く
			ふ	あ	も
	㋒ う す		あ		
㋒ み	ず	あ	そ	び	
	む				
	し				

「雲をつかむ」ということばは、とらえどころがないようすをあらわします。

4 の答え

たての答え

- あ 山びこ…山や谷などで大声を出すと、しばらくしてその声がはねかえってきます。「ヤッホー！」といってみましょう。
- い いってきます…出かけるときのあいさつです。学校や公園など、外から家に帰ってきたときには、「ただいま」といいましょう。
- う カバ…アフリカの川やぬまにすむ草食どうぶつです。大きさはやく4m、おもさはやく4000kgにもなります。

よこの答え

- ㋐ 1時…時計のみじかいはりが「時」、長いはりが「分」をあらわしています。
- ㋑ 校てい…学校のにわのことです。うんどう場や花だんなどがあります。
- ㋒ バランス…つりあいやへいきんのことをあらわすことばです。えい語でバランスといいます。

クロスワード：
あ や		い			
ま	㋐ い	ち	じ		
び	つ				
㋑ こ	う	て	い		
㋒ う か	き				
㋒ ば	ら	ん	す		
	ま				

カバはおっとりして見えますが、りくでは、車とおなじくらいのはやさで走ることもできます。

117

5 の答え

①	②
右	犬

③	④
石	百

⑤	⑥
白	円

かん字には、形をもとに作られているものがあります。「川」は水のながれるようすです。

答え

① 右…「月」「年」「日」は時間のたんいをあらわすかん字です。「右」は時間のたんいをあらわすかん字ではありません。

② 犬…「木」「花」「草」「竹」は、しょくぶつをあらわすかん字です。「犬」はどうぶつをあらわすかん字です。

③ 右…「川」「雨」「水」は、水にかんけいのあるかん字です。「右」は水にかんけいのないかん字です。

④ 百…「足」「口」「手」「耳」「目」は体にかんけいのあるかん字です。「百」は数をあらわすかん字です。

⑤ 白…「大」「中」「小」は大きさをあらわすかん字です。「白」は色をあらわすかん字です。

⑥ 円…「六」「三」「十」「九」「七」は数字をあらわすかん字です。「円」は数字をあらわすかん字ではありません。

---

6 の答え

㋐	か	け	あ	し		
			り		㋑	
			が		は	
㋑	ぱ	と	ろ	ー	る	
			う		も	
					に	㋒
㋒	か	た	か	な		
					す	

カタカナは、かん字の一ぶ分をつかって、日本で作られた文字です。

たての答え

㋐ ありがとう…おれいのことばです。目上の人には、「ありがとうございます」というと、ていねいなことばになります。

㋑ ハーモニカ…マウスピースを口にあてて、いきをふきこんで音を出すがっきです。おさえるけんばんで、音がかわります。

㋒ ナス…野さいの名前。ナスは、花もみもむらさき色です。

よこの答え

㋐ かけ足…はやく走ることをいいます。ものごとをはやく行うことにもつかいます。

㋑ パトロール…けいさつかんやおとなが、はんざいやじこがおこらないように見て回ることです。

㋒ カタカナ…日本の文字の1つです。外国からきたことばを書くときにはカタカナをつかいます。

	ⓘ	㋐せ	ー	た	ー	
	お				け	
	む		㋒		の	
㋑	れ	い	ぞ	う	こ	
	つ		う			
			さ			
㋒ご	め	ん	な	さ	い	

タケノコは竹のわかいめです。せいちょうが早く、1日に10〜30cmのびます。

┅ たての答え ┅

- ⓐ **タケノコ**…アザラシとオオカミはどうぶつです。タケノコはしょくぶつなので、なかま外れです。
- ⓘ **オムレツ**…たまごをといて、やくりょう理です。玉ねぎやひき肉を中につつむものもあります。ケチャップをかけてもおいしく食べられます。
- ⓤ **ぞうさん**…『ぞうさん』の歌しは、まどみちおさんというしじんが書きました。

┅ よこの答え ┅

- ㋐ **セーター**…セーターは、外国からきたことばなので、カタカナで書きましょう。
- ㋑ **れいぞうこ**…食べものをひやして、ほぞんします。れいぞうこよりおんどがひくく、食べものをこおらせてほぞんするものは、れいとうこといいます。
- ㋒ **ごめんなさい**…ゆるしてくださいといういみの「ごめん」と、ていねいなことばの「なさい」が、つながってできたことばです。

	ⓐ		ⓘ		
	ふ		㋐お	る	
㋑	た	け	う	ま	
	つ		わ		
			り		
			さ		
㋒	お	と	㋒う	さ	ん
			み		

┅ たての答え ┅

- ⓐ **ふたつ**…「6-4=2」という計算をします。ひとつ、ふたつ、みっつ、よっつ、いつつ、むっつという数え方をしているので、答えはふたつになります。
- ⓘ **おまわりさん**…まいごの子ねこにおうちをきいてもわからず、犬のおまわりさんがこまって、ワンワンとほえてしまう歌です。
- ⓤ **海**…地きゅうのひょうめんのうち、しお水でおおわれているところをいいます。

┅ よこの答え ┅

- ㋐ **おる**…紙をおると、立たせることができるだけではなく、いろいろな形ができます。おり紙も楽しいあそびです。
- ㋑ **たけうま**…あそび道ぐの1つです。竹のぼうに足をのせるところをつけて、それにのってあそびます。
- ㋒ **お父さん**…「父さん」の、ていねいなよび方です。男の親のことです。

海はりくのやく3ばいの広さがあります。地きゅうのひょうめんは海のほうが多いのです。

9 の答え

あ
⑦ ふ で ば こ
　 う
　 せ
　　　　　　う
① う ん ど う か い
　 ち　　　　い
　 ゅ　　　　も
　 う ⑦ こ こ の つ

うちゅうにはたくさんの星があり、地きゅうから人の目で見えるものは、ほんの一ぶです。

たての答え

あ **風船**…ゴムでできたふくろの中に空気などを入れてふくらませ、とばせてあそぶおもちゃです。紙でできた、紙風船というおもちゃもあります。

い **うちゅう**…地きゅう、太ようなどのある、はてしなく広い空間のことです。地きゅうはうちゅうにある星の1つです。

う **買いもの**…買うことや、買ったものをいいます。ていねいにいうときは「お」をつけて「お買いもの」といいます。

よこの答え

⑦ **ふでばこ**…学校にもっていく道ぐの1つです。えんぴつやけしゴムを入れておくはこです。

① **うんどう会**…ときょうそう、リレー、つなひき、玉入れなど、みんながあつまって、いろいろなうんどうをする行じです。

⑦ **ここのつ**…ぼうしは「ひとつ、ふたつ」と数えます。イラストを数えると「9」あります。「9」は「ここのつ」といいます。

---

10 の答え

あ
⑦ あ し か
　 く　　　　い
① し ょ う か き
　 ゅ ⑦　 ん
　　 お　 し
　　 く　 ょ
⑦ わ ら べ う た

「手がとどく」「手が早い」「ねこの手もかりたい」など「手」をつかうことばはたくさんあります。

たての答え

あ **あくしゅ**…あいさつやよろこびや親しみをこめて、手をにぎり合うことです。なかなおりするときにも、あくしゅします。

い **かんしょう**…げいじゅつ作ひんをふかくあじわうことです。音楽だけではなく、えいぞうや、絵画にもつかいます。

う **オクラ**…アフリカからきた野さいです。ねばねばには、えいようがふくまれています。

よこの答え

⑦ **アシカ**…海べにすむどうぶつです。むれを作ってせいかつします。あしが、ひれのようになっています。

① **しょうかき**…火じにならないように、くすりのはたらきで、火をけす道ぐです。

⑦ **わらべ歌**…むかしから子どもたちが歌ってきた歌です。絵かき歌や、数え歌などがあります。

11 の答え

① あさがお

② ひまわり

③ こすもす

④ たんぽぽ

⑤ あじさい

⑥ おしろいばな

🔍 ヒマワリのたねには、えいようがたくさんあります。りょう理につかうあぶらがとれます。

答え

① **アサガオ**…ラッパの形をした花と、くるくるとまきつくつるがとくちょうです。

② **ヒマワリ**…せが高く、2〜3mになるものもあります。大きな花がとくちょうです。ヒマワリの花は、わかいうちは太ようのほうをむくので、時間をかえて見てみましょう。

③ **コスモス**…白やピンクのきれいな花がさきます。もとはメキシコでさいていた花です。はっぱが細いので、かんそうに強く、強い風がふいてもえいきょうをうけにくいという、とくちょうがあります。

④ **タンポポ**…せかいのいろいろなところにさいています。わた毛でたねを遠くにとばします。

⑤ **アジサイ**…「つゆ」は6月ごろです。このじきは雨の日が多くなります。アジサイは、さいているうちに花の色がかわります。

⑥ **オシロイバナ**…たねの中から「おしろい」のような白いこなが出てきます。「おしろい」は古くからつかわれてきた、けしょうひんの1つです。

12 の答え

	あ		う
⑦ ひ	き	ざ	ん
い も	ゆ よ う		か
の		し		ぶ
が		よ		と
た	⑦ く	さ	む	ら
り				し

🔍 『おおきなかぶ』はロシアのものがたり、『おむすびころりん』は日本のものがたりです。

たての答え

(あ) **きゅうしょく**…学校で食じを出すこと、また、その食じのことをいいます。えいようのバランスを考えて作られています。

(い) **ものがたり**…むかしからつたわっている話のことです。また、すじのある、まとまった作ひんのことをいいます。

(う) **カブトムシ**…夏になると、クヌギなどの木にあつまります。おすには長いツノがあります。

よこの答え

(ア) **ひき算**…ある数からほかの数をひく計算のことです。計算して出た答えを「さ」といいます。

(イ) **もよう**…かざりの形や絵のことをいいます。しまや水玉など、いろいろなもようがあります。

(ウ) **草むら**…草がしげっているところをいいます。虫があつまりやすい場しょです。

121

13 の答え

あ ち ／ い た
ア よ ん ほ ん
こ ／ ／ ぶ
れ ／ ／ り
一 イ で ん わ
ウ お と こ
エ え の ぐ

📖 「声がはずむ」というのは、うれしくて声が生き生きとしているようすです。

たての答え

あ **チョコレート**…カカオのみがざいりょうです。さとうやミルクをまぜて作られたおかしです。

い **タンブリン**…タンバリンともいいます。すずをつけた丸いわくにかわをはり、手でうって鳴らす、だがっきです。

う **声**…人やどうぶつの口から出る音のことです。虫やものの出す音のこともいいます。考えやいけんのことをあらわすこともあります。

よこの答え

ア **4本**…スプーンなど細長いものを数えるときには、「本」をつかいます。

イ **電話**…音を電気のしんごうにかえて、遠くの人と話ができるようにしたきかいです。アメリカのベルという人が、はつ明しました。

ウ **男**…せいべつの1つです。子どもは男子、おとなは男せいともいいます。

エ **絵のぐ**…絵に色をつけるためにつかうものです。すいさい画の絵のぐや、あぶら絵の絵のぐなどのしゅるいがあります。

---

14 の答え

ア ど よ う び
／ ん ／ い
イ や じ ろ べ え
す ／ ゆ ／ ／ え
な ／ う ／ ／ ん
ウ ば ん ご う ／ ぴ
／ ／ ふ ／ ／ つ
エ こ ん に ち は

ＡＢＣ 番ごうはえい語で「ナンバー」といいます。「ナンバーワン」は、一番といういみです。

たての答え

あ **45分**…時計の長いはりが「分」をさします。数字は5分ごとをあらわします。長いはりが数字の1をさすと5分です。3をさすと15分、6をさすと30分、9をさすと45分です。

い **えんぴつ**…字を書く道ぐです。木のじくの中に黒いしんを入れたものです。

う **すなば**…すなをたくさん入れてかこんだ、子どものあそび場です。

よこの答え

ア **土曜日**…曜日は「日曜日、月曜日、火曜日、水曜日、木曜日、金曜日、土曜日」のじゅん番です。

イ **やじろべえ**…左と右のうでを細長くのばした人形の形のおもちゃです。りょう手のはしにおもりをつけて、足先をささえにバランスがとれるようにしています。

ウ **番ごう**…じゅん番をあらわす数字のことです。

エ **こんにちは**…昼間のあいさつです。「こんにちわ」と、書くのはまちがいです。朝は「おはようございます」、夜は「こんばんは」といいましょう。

15 の答え

クロスワード（15）

あ
㋐	あ	か	ち	ゃ	ん
	す				㋑
	た			ご	
㋑	ね	ん	ど	ば	ん
	つ		㋒	ん	
㋒	ひ	と	つ		め
			ば		
㋓	お	め	で	と	う

🔍 ツバメが、ひくい場しょをとんでいるときは、雨がふるといわれています。

╼ たての答え ╾

㋐ **カスタネット**…だがっきです。手のひらの中に入れ、ゆびでうち合わせて音を出します。木で作られていて2まい貝のような形をしています。

㋑ **5番目**…4のつぎの数は5です。正さんの前には4人いるので、正さんは5番目です。

㋒ **ツバメ**…春に南からきて、秋には帰るわたり鳥です。家ののき先などに、すを作ります。しっぽが長く、先が2つにわれています。

╼ よこの答え ╾

㋐ **赤ちゃん**…「草むら」「水たまり」は、しぜんのものです。「赤ちゃん」は人間です。

㋑ **ねん土ばん**…ねん土は、ねばりけがあるので、つくえをよごさないように、ねん土ばんをつかいましょう。

㋒ **ひとつ**…「3－2＝1」という計算をします。

㋓ **おめでとう**…おいわいするときのことばです。「おめでとうございます」と言うと、ていねいです。

---

16 の答え

クロスワード（16）

あ
	も				㋑
㋐	も	る	も	つ	と
		㋒			ら
㋑	じ	ゅ	う	い	ち
	て		あ		
	ん	㋒	か	ん	じ
	し		ぐ		
	や		る		

📖 「ももくり三年かき八年」ということばは、みがなるまでに、時間がかかるといういみです。

╼ たての答え ╾

㋐ **モモ**…くだものの名前です。春にうすい赤色の花がさきます。夏になると、あまくてたねの大きいみがなります。

㋑ **トライアングル**…うったりたたいたりして音を出す、だがっきの1つです。てつのぼうを三角にまげたものを、金ぞくのぼうでたたいて鳴らします。

㋒ **自てん車**…足でペダルをふんで、2つの車りんを回してすすむのりものです。電車はめんきょをもっている人しか、うんてんできません。

╼ よこの答え ╾

㋐ **モルモット**…ネズミのなかまですが、しっぽはありません。ペットとしてかわれたり、じっけんにつかわれたりします。

㋑ **11**…「11－9＝2」なので、11は9より2つ大きい数字です。

㋒ **かん字**…中国で作られた文字です。日本人がまねして日本で作ったかん字もあります。

123

17 の答え

クロスワード（ア〜ウ・あ〜え）

	あ		い			う	
	い		ご			つ	
ア	ち	ゆ	ー	り	つ	ぷ	
	ね		る			め	
	ん			え	た		
	せ	イ	う	が	い		
	い			よ			
				う			
ウ	で	ん	し	や			

 チューリップには、たねはありません。きゅうこんをうえてそだてます。

✦ たての答え ✦

あ 1年生…小学校は6年間通います。学年は1年生から6年生まであります。中学校は3年間通うので、学年は1年生から3年生まであります。

い ゴール…きょうそうで、かちまけがきまる場しょです。また、目ひょうのさいごのところをいいます。

う つめたい…おんどがひくいことをいいます。おもいやりがないようすをいうときも、あります。

え 画用紙…少しあつい紙です。絵をかくときにつかいます。

✦ よこの答え ✦

ア チューリップ…ユリのなかまの花です。はっぱの間から出たくきに、コップのような形の花がさきます。

イ うがい…水などで、口やのどをすすぐことをいいます。かぜやびょうきのよぼうができます。

ウ 電車…電気の力で車りんを回してレールの上を走るのりものです。

---

18 の答え

✦ 42ページの答え ✦

あ	ゆ	お	れ	ん	じ
か	ん	む	う	す	け
を	へ	ら	み	ど	り
あ	お	さ	り	く	ね
た	て	き	い	ろ	こ
よ	し	ろ	ふ	ま	る

色の名前は8つです。
タテの名前…あか・むらさき・くろ
ヨコの名前…おれんじ・みどり・あお・きいろ・しろ

✦ 43ページの答え ✦

ク	ウ	サ	ギ	ク	シ
コ	ア	ラ	オ	ワ	タ
オ	ヒ	サ	ネ	ガ	ヌ
ロ	ル	ナ	ミ	タ	キ
ギ	カ	ブ	ト	ム	シ
キ	リ	ン	ス	シ	ケ

3文字いじょうの生きものの名前は8つです。
タテの名前…コオロギ・アヒル・クワガタムシ・タヌキ
ヨコの名前…ウサギ・コアラ・カブトムシ・キリン

キリンは長い首があるので、高い木のはっぱを食べることができます。せが高いので、遠くにいるてきを早く見つけてにげることもできます。

19 の答え

	あ		い
ア	か	た	づ	け
	ざ		し
	ぐ		ご
イ	の	び	る	ウ む
ウ	ま	す	く
	た
	ー
	と

クロスワードの解答：

	あ			い	
ア	か	た	づ	け	
	ざ			し	
	ぐ			ご	
イ	の	び	る		む
ウ	ま	す	く		
	た				
	ー				
	と				

風の力で大きな風車を回して電気を作ることができます。風力はつ電といいます。

たての答え

あ **風車**…風の力ではねがくるくると回ります。風のないときは、いきをふきかけてあそびましょう。

い **けしゴム**…えんぴつなどでかいた字や絵をけす道ぐです。ゴムやプラスチックでできています。

う **スタート**…はじまること。出ぱつといういみのえい語です。かけっこは、スタート地点から、ゴール地点を目ざして走ります。

よこの答え

ア **かたづけ**…ちらかっているものを、きちんととととのえてかたづけることを、せい理せいとんするといいます。

イ **のびる**…ゴムなどをひっぱって長さが長くなったり、しわしわだったハンカチが、ピンとなったときなどをあらわします。

ウ **マスク**…ほこりやウイルスやガスなどを、すいこまないように、口やはなをおおうぬのです。外国からきたことばなのでカタカナで書きましょう。

---

20 の答え

		あ			
		は			
ア	ゆ	き	が	つ	せん
		い ぽ			
イ	て	つ	き	ん	う
		ろ			ぺ
ウ	さ	く	ぶ	ん	ぎん
					ん

ペンギンは鳥ですが、空をとぶことはできません。水中をじょうずにおよぐことができます。

たての答え

あ **8本**…「15－7＝8」という計算をします。かさの数え方は「1本、2本」と数えます。

い **きろく**…後のために書きつけておくことをいいます。書きつけたもののこともいいます。

う **ペンギン**…「ギ」はひらがなで「ぎ」、「ン」はひらがなで「ん」と書きます。「ペ」は、ひらがなもカタカナも同じ形です。

よこの答え

ア **雪がっせん**…冬のあそびです。雪はこまかいこおりのつぶです。とてもつめたいので、手ぶくろをしてあそびましょう。

イ **てっきん**…長さのちがう、てつのいたをならべて作られた、だがっきです。バチという小さな玉のついたぼうでたたいて、音を出します。

ウ **作文**…テーマにそって、文しょうを作ることです。作った文しょうのこともいいます。

いろいろな絵のぐをまぜてみましょう。青と白で水色に、赤と青でむらさき色が作れます。

━ たての答え ━

あ **ぶんぶんぶん**…きょくはチェコで作られ、歌しはドイツで作られたものがもとになっています。

い **おにごっこ**…はじめのおにには、じゃんけんできめます。はじめのおににつかまった人は、はじめのおににかわって、つぎのおにになります。

う **イチョウ**…秋になると、こうようするしょくぶつです。はっぱはおうぎの形をしています。みはギンナンといって、りょう理につかわれます。

━ よこの答え ━

ア **どうぶつえん**…いろいろなどうぶつをかっているところです。たくさんの人が見学におとずれます。

イ **オレンジ**…まぜる絵のぐのりょうで色合いは、かわります。たとえば、黄色を多く入れると、明るいオレンジ色になります。

ウ **5本**…数えましょう。えんぴつの数え方は「本」です。

エ **校長**…学校の先生の中で一番上のせきにんしゃです。

地きゅうは太ようから3番目の星です。太ように一番近いのは水星、つぎは金星です。

━ たての答え ━

あ **しゃぼん玉**…食き用せんざいと水をまぜて、しゃぼん玉の石けん水を作ります。さとうやせんたくのりを少し足すと、われにくいしゃぼん玉を作ることができます。

い **ひっこし**…小さな「つ」は、つまる音をあらわすときにつかいます。ひっこしは、すまいの場しょをうつすことです。

う **しんごうき**…道ろやてつどうにあります。あんぜん、きけん、ちゅういの合図をしてくれるきかいです。

━ よこの答え ━

ア **たし算**…2ついじょうの数を合わせる計算です。計算して出た答えを「わ」といいます。

イ **ダンゴムシ**…にわやはたけや石の下などにいる小さな虫です。さわるとおなかを中にしてダンゴのように丸くなるので、ダンゴムシといいます。

ウ **地きゅう**…わたしたちがすんでいる星です。地きゅうは365日かけて、太ようのまわりを回っています。

23 の答え

たての答え

あ **ノコギリクワガタ**…夏になると、クヌギやナラの木のじゅえきにあつまるこん虫です。クワガタムシには、コクワガタ、ミヤマクワガタもいます。

い **たいいくかん**…うんどうをするために作られた、たてものです。

う **アリ**…土の中にすを作る小さなこん虫です。とぶことはできませんが、ハチのなかまです。

よこの答え

ア **のりもの**…人をのせて、はこぶもののことをいいます。

イ **こいのぼり**…5月5日は「たんごのせっく」といいます。子どものしあわせをねがい、せい長をいわう日です。ぬのや紙でできたコイの形ののぼりを立てます。こいのぼりは風がふくと、およいでいるように見えます。

ウ **歩く**…足をうごかしてすすむこと。

エ **パンダ**…アジアたいりくの、中おうぶにすむどうぶつです。とくに、ジャイアントパンダのことをあらわします。

	⑦	の	り	も	の	あ
					こ
		い	た		ぎ
⑦	こ	い	の	ぼ	り
		う	い		く
⑦	あ	る	く	か	わ
		り		か	が
	⑦	ぱ	ん	だ	た

🔍 3月3日は「もものせっく」といい、女の子のおまつりです。ひな人形をかざります。

---

24 の答え

たての答え

あ **けん玉**…木で作ったおもちゃです。あなのあいた玉に糸をつけ、ぼうにむすびつけたものです。とがったぼうの先を玉のあなに入れたり、玉をさらのようなくぼみにのせたりしてあそびます。

い **トノサマバッタ**…大がたのバッタです。日当たりのよい草むらにいます。イネやススキなどのしょくぶつを食べます。

う **青**…よく晴れた日の空のような色です。

よこの答え

ア **ポケット**…ポケットは外国からきたことばなので、カタカナで書きます。ようふくについているもの入れのことです。

イ **車**…画数を数えてみましょう。車の「ﬧ」のぶ分は、2画ではなく、1画と数えるので、ちゅういしましょう。

ウ **あいさつ**…人と会ったり、わかれたりするときのことばやおじぎのことです。

エ **たす**…くわえることです。ひき算でつかう「－」は「ひく」と読みます。

⑦	ぽ	け	つ	と	あ い
		ん		の
		だ		さ
⑦	く	る	ま	ま
			う		ば
⑦	あ	い	さ	つ
	お		⑦	た	す

Ａ Ｃ Ｂ えい語では、青は「ブルー」、赤は「レッド」、黄色は「イエロー」といいます。

25 の答え

━ 56ページの答え ━

1 — わ
2 — とう
3 — ひき
4 — だい
5 — さつ

① **わ**…鳥を数えるときにつかいます。
② **とう**…大きなどうぶつを数えるときにつかいます。
③ **ひき**…小さなどうぶつを数えるときにつかいます。「1ぴき」「2ひき」「3びき」など、数によって音がかわります。
④ **だい**…車やじてん車などを数えるときにつかいます。
⑤ **さつ**…本を数えるときにつかいます。

━ 57ページの答え ━

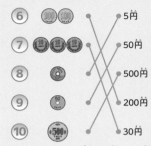

6 — 5円
7 — 50円
8 — 500円
9 — 200円
10 — 30円

日本のこうかは、1円、5円、10円、50円、100円、500円の6しゅるいです。

コップに入ったのみものや、お茶わんに入ったごはんは「はい」と数えます。

26 の答え

あ
⑦ め が ね
だ
か　　　　い
の　　う　　つ
が　④ お な も み
つ　　　　な
こ　⑨ ひ だ り
④ う わ ば き

メダカのおすとめすを見分けるときは、せびれを見ます。おすは切れこみがあります。

━ たての答え ━

あ **めだかのがっこう**…メダカは3cmくらいの小さな魚です。川や池などにすんでいます。

い **つぼみ**…花がひらく前のつぼんでいるもののことです。

う **7ひき**…「4+3=7」の計算をします。セミは「ひき」と数えます。

━ よこの答え ━

⑦ **めがね**…しりょくをちょうせいする道ぐです。目がわるい人がかけると、よく見えるようになります。ひらがなの「が」と、カタカナの「ガ」は、形がにていますが、よく見て書きましょう。

④ **オナモミ**…キクのなかまのしょくぶつです。道や土手などにはえています。みにはとげがあり、ふくにつくので「ひっつき虫」とよばれています。

⑨ **左**…南をむいたときに、東にあたるほうです。「右」は、みぎと読みます。

④ **上ばき**…たてものの中ではく、はきものです。

27 の答え

あ
ア	に	じ	ゆ	う	い
ぼ		う		ひ	
イ	し	や	か	し	や	か
		ず		く	
え	お		え	
ウ	お	か	あ	さ	ん	だ
	き		だ	
	い	エ	な	ま	え

🔍 マラカスは、もとはしょくぶつをかんそうさせて、みの中にたねを入れて作られていました。

⤖ たての答え ⤖

あ にぼし…小さなイワシをにて、ほしたものです。みそしるなどの、だしをとるのにつかいます。

い ひゃくえんだま…「百」は「ひゃく」、「円」は「えん」、「玉」は「だま」と読みます。「玉」は1文字だけだと「たま」と読みます。

う 数…数えたものの数りょうのことです。

え 大きい…数や広さや長さが上のことをいいます。

⤖ よこの答え ⤖

ア 20…5が2つあつまると10、3つあつまると15、4つあつまると20になります。

イ シャカシャカ…マラカスは中南米のリズムがっきです。ふつう2こ1組でつかいます。

ウ お母さん…「母さん」の、ていねいなよび方です。女の親のことです。

エ 名前…人やものを、ほかとくべつするためにつけるよび方です。

28 の答え

あ
ア	こ	だ	い	こ
い		る		う
し		ま		お	す
ウ	ば	す	せ	ん	た
	し				ー
	ら				す
					と
					ら
					り
					あ

🔍 オーストラリアは、日本ときせつがぎゃくです。8月は冬で、12月は夏になります。

⤖ たての答え ⤖

あ だるまさん…「だるまさんがころんだ」とおにが言っている間だけうごくことができるあそびです。だるまは赤くて丸い人形のことです。

い しもばしら…土の中の水分がこおってできる細いこおりのはしらです。

う オーストラリア…国の名前です。コアラやカンガルーがいることでもゆう名です。

⤖ よこの答え ⤖

ア 小だいこ…だがっきの1つです。小さなたいこです。

イ おす…むこうのほうへ力をくわえることをいみします。

ウ バスセンター…バスとは、たくさんの人をのせる大がたの車です。バスでも電車と同じように、お年よりや体のふじゆうな人が立っていたら、せきをゆずりましょう。

クロスワード答え（29）

```
あ          い
い    さ
か  ㋐つまり
の    っ
お  ㋑すとろー      う
す    ゆ        え
し    き        れ
    ㋒まんほーる
      つ        べ
      り        ー
                た
                ー
```

┅ たての答え ┅

あ いかのおすし…知らない人について「いかない」、知らない人の車に「のらない」、たすけをよぶときは「おおごえを出す」、その場から「すぐにげる」、何かあったらすぐに「しらせる」の頭文字をとったものです。

い さっぽろ雪まつり…はく力ある大きな雪のぞうなどがならび、ぜん国から人が見に来る、大きぼなおまつりです。

う エレベーター…電気の力で大きなはこを上下にうごかして、人やにもつをはこぶきかいです。

┅ よこの答え ┅

㋐ つまり…言いかえれば、けっきょく、みじかくまとめて言うと、といういみのことばです。

㋑ ストロー…のみものをのむためのものですが、工作にもつかえます。ほかにも、みの回りのもので、工作につかえるものをさがしてみましょう。

㋒ マンホール…地下の下水道などに出入りするためのあなです。てつやコンクリートのふたがついています。

クロスワード答え（30）

```
あ              い
じ              じ
㋐ゆうやけこやけ  ゃ
う              ん
ご        う    ぐ
㋑だんぼーる
          く
          と
㋒くふう
```

┅ たての答え ┅

あ 15…1cmは10mmです。1cm5mmは、10mmと5mmを合わせて、15mmです。

い ジャングル…ジャングルジムは、金ぞくのパイプをたてよこに四角く組み上げたゆうぐです。

う ぼくとう…「木」と「刀」の音読みです。

┅ よこの答え ┅

㋐ 夕やけこやけ…夕やけは、太ようがしずむころ、西の空が赤く見えることです。こやけは、夕やけにちょうしを合わせることばです。

㋑ だんボール…なみ形にしたボール紙と、たいらなボール紙を、はり合わせたものです。

㋒ くふう…くふうの「く」のかん字は、「図工」の「工」です。何ごとも、どうしたらさらによくなるのか、くふうすることは大切です。

㋐と	ら	ん	ぺ	つ	㋑と
う		㋒ど			る
も		ど	㋑た		こ
ろ		ろ			う
こ		ひ	㋒よ	ん	せ
し		ょ			き
		う			ょ
		し			く

（この表は答えのクロスワードです）

体のぶ分をつかったかんようくは、ほかにも「はなが高い」「口がかるい」などがあります。

たての答え

㋐ **トウモロコシ**…夏野さいです。トウモロコシから作るトルティーヤは、メキシコなどでよく食べられています。

㋑ **トルコ行しんきょく**…ドイツ人作きょく家のベートーヴェンが作ったきょくです。

㋒ **道ろひょうしき**…おうだん歩道をしめすものや、車せん用の道をしめすものなど、さまざまな道ろひょうしきがあります。

よこの答え

㋐ **トランペット**…金かんがっきの1つで、高くて、するどい音が出ます。

㋑ **たこ**…「耳にたこができる」は、かんようくの1つです。

㋒ **4000**…千のくらいをくらべると、4000のほうが大きい数であることがわかります。

ランキングの「ベスト」ということばはえい語です。もっともよいこと、といういみです。

たての答え

㋐ **ひろう**…おちているものをとり上げる、といういみです。ほかにも、思いがけず手に入れるといういみもあります。

㋑ **じゃんけん**…グーは石、パーは紙、チョキははさみの形をあらわしています。

㋒ **イチゴ**…ダイズとオクラは、春から夏にかけてそだてる作もつです。

㋓ **きせつ**…春・夏・秋・冬の4つのきせつのことを、しきといいます。

よこの答え

㋐ **ちょう点**…図形の、とがっているぶ分のことです。三角形のちょう点の数は3つ、四角形のちょう点の数は4つです。

㋑ **ランキング**…せいせきなどによってつける、じゅんいのことです。「ベスト3」のようにじゅんいをつけてまとめると、つたえたいことがわかりやすくなります。

㋒ **しつもん**…しつもんをするときは、何を聞きたいのかをせい理してから、しつもんしましょう。

33 の答え

①	②
光	時

③	④
下	食

⑤	⑥
北	組

🔍 かん字は、中国でできた文字で、中国や日本、かん国などでつかわれています。

＊ 答え ＊

① 光…「朝」「昼」「夜」は、1日のある時のことをあらわすかん字です。「光」は、1日のある時をあらわすかん字ではありせん。

② 時…「国」「体」「算」「生」「図」「音」は、小学校でべん強する教科を、かん字にしたときの1文字目です。「時」は、教科にかんけいのないかん字です。

③ 下…「小」「中」「高」「大」は、学校にかんけいのあるかん字です。小学校、中学校、高とう学校、大学のように、それぞれのかん字をつかって、学校をあらわすことができます。「下」は、いちや方こうをあらわすかん字です。

④ 食…「米」「牛」「魚」「鳥」は、食べることができるものです。「食」は、食べるどう作をあらわすかん字です。

⑤ 北…それぞれのかん字の画数を考えます。「今」「戸」「公」は4画、「北」は5画です。

⑥ 組…それぞれのかん字の音読みを考えます。「親」「心」「新 (しい)」は「しん」、「組」は「そ」です。

34 の答え

🔍 ジャガイモの、ふだん食べている分は、土の中で丸く大きくそだった「くき」です。

＊ たての答え ＊

（あ） 7時5分…短いはりは「時」を、長いはりは「分」をあらわします。

（い） ものさし…めもりを見ることで、ものの長さをはかることができます。

（う） 少ない…少ししかない、わずか、といういみです。

＊ よこの答え ＊

（ア） ロンドンばし…『ロンドンばしおちた』はイギリスのどうようです。ロンドンばしは、火じやせんそうで何どもおちたため、このようなどうようができました。

（イ） 同じ…たとえば、3＋7＝10は、たされる数が3、たす数が7です。たされる数とたす数を入れかえて、7＋3としても、答えは10になります。

（ウ） 食パン…オタマジャクシは、食パンのほかにも、かつおぶしや、ゆでたホウレンソウなども食べます。

（エ） ジャガイモ…ミニトマトは地上でさいた花のところに、みができます。

35 の答え

クロスワードの答え:

	あ		い		
せ	ん		せ	っ	ち
ア	は	や	ね	は	や	お	き
	く		く		ざ
に		イ	た	ま	い	れ
		ウ	ち	ぢ	む

（あ）せんひくに
（い）せっちゃくざい
（う）きっぷ
（え）たまいれ

🔍 公式きょうぎの玉入れは、100この玉をどれだけ早くかごに入れられるかをきそいます。

✦― たての答え ―✦

（あ） **1102**…大きな数の計算は、ひっ算をつかうとまちがいにくくなります。

（い） **せっちゃくざい**…せっちゃくざいは、つかったらすぐにふたをしましょう。

（う） **きっぷ**…買ったきっぷは、かいさつ口のきかいに通したり、えきいんさんに見せたりします。

（え） **タッチ**…おにごっこでは、タッチでおにがかわります。おににタッチされた人が、つぎのおにになります。

✦― よこの答え ―✦

（ア） **早ね早おき**…早ね早おきのほかにも、ごはんをしっかり食べることやうんどうすることも、体のせい長のために大じです。

（イ） **玉入れ**…かごに入った玉の数が多いほうが、かちになります。

（ウ） **ちぢむ**…「ぢ」と「じ」のちがいに気をつけて書きましょう。

---

36 の答え

クロスワードの答え:

	あ			い
り				お
ア	ぺ	っ	と	ぼ	と	る
	く	う			が
イ	ぽ	す	た	ー	え	ん
		い		た
ウ	ひ	よ	う	し	ょ
		う		よ	う

🔦 リラックスのはんたいのいみは「きんちょう」です。気もちやたいどが引きしまることです。

✦― たての答え ―✦

（あ） **リラックス**…のんびりして楽なようすのことです。

（い） **オルガン**…リードオルガンやパイプオルガンなどがあります。

（う） **太よう**…虫めがねは、しょくぶつの細かいところや小さな虫を大きく見るためにつかいます。

（え） **たしょう**…「多」と「少」を音読みします。

✦― よこの答え ―✦

（ア） **ペットボトル**…ポリエチレンじゅしというもので作ったようきです。かるくてこわれにくいので、のみものなどのようきにつかわれます。きちんとすてられたペットボトルは、さいり用されます。

（イ） **ポスター**…文字の大きさをかえたり、色をつけたりすることで、読みやすいポスターになります。

（ウ） **ひょうし**…音の強いところと弱いところが、きそく正しく、くりかえされることです。2びょうしや3びょうしなどがあります。

㋐
㋐ か	な	ぼ	う
つ			
ま			㋑
㋑ つ	ま	よ	う	じ
り		㋒ つ		
	し	ど	
㋒ か	い	ぶ	ん
く		ろ	つ
け			
㋓ い	ん	く	

「かれがなかまに入ってくれたら、おにに金ぼうだ」のようにかんようくをつかいます。

たての答え

㋐ 夏まつり…5文字を入れかえると、「なつまつり」になります。

㋑ ウッドブロック…四角のはこ形のウッドブロックもあります。

㋒ 四角形…4つの角があって4本の直線でかこまれた形を四角形といいます。正方形や長方形も四角形です。

よこの答え

㋐ 金ぼう…ただでさえ強いおにに、金ぼうをもたせて、さらに強くすることからできたことわざです。

㋑ つまようじ…ふつうは、食べものをさしてとったり、はの間にはさまったものをとりのぞいたりするのにつかいます。

㋒ 回文…「しんぶんし」「たけやぶやけた」などを回文といいます。

㋓ インク…赤、黄色、みどりなどいろいろな色のインクがあります。

			㋐ ち
㋑			と
㋐ か	れ	は	せ
㋑ ち	ょ	く	せ	つ
ぶ			あ
お		㋒	め
ん		そ	
㋒ ぺ	ー	ぷ	さ	ー	と
		せ	
		ー	
㋓ ご	ひ	ゃ	く	じ	ゆ	う

ちとせあめの「ちとせ」をかん字で書くと「千歳」。長生きをいみする千歳となります。

たての答え

㋐ ちとせあめ…おいわいをいみする、赤と白にそめられた、あめです。

㋑ 8分音ぷ…音ぷは音の長さをあらわす記ごうです。4分音ぷに、はたがついている音ぷが8分音ぷです。

㋒ ソーセージ…ソーセージだと水がよごれやすいので、魚肉ソーセージのほうがおすすめです。

よこの答え

㋐ かれは…ダンゴムシはかれはをよく食べるので、かれはの下にいることが多いです。

㋑ ちょくせつ…手やゆび先をつかうと、ふでをつかってぬったときと絵のぐのつき方がちがいます。

㋒ ぺープサート…絵がかかれている2まいの紙で、わりばしをはさんではり合わせたものをつかう、人形げきです。

㋓ 510…この数の線は、1めもりが10になっているので、やじるしは510をさしています。

39 の答え

① | イ | チ | ゴ |

② | サ | ツ | マ | イ | モ |

③ | サ | ン | マ |

④ | ホ | ウ | レ | ン | ソ | ウ |

⑤ | レ | ン | コ | ン |

⑥ | サ | ク | ラ | ン | ボ |

レンコンはあながあいているので、「見通しがきく」として、おせちりょう理に入っています。

答え

① **イチゴ**…はたけやビニールハウスで作る作もつです。みどり色から赤色になると食べられます。

② **サツマイモ**…はたけで作る作もつです。地中の太くなったねのぶ分を食べます。

③ **サンマ**…つめたい海にすむ、ぎん白色のおなかをした魚です。体が刀のような形で秋をだいひょうする魚のため「秋刀魚」と書きます。

④ **ホウレンソウ**…はたけで作る野さいです。外国からつたわりました。ね元が赤くないしゅるいもあります。

⑤ **レンコン**…池やぬま、水田で作られます。しゃきしゃきとしたはごたえです。

⑥ **サクランボ**…サクラの木のみです。サクラとモモのかん字で「桜桃（オウトウ）」ともいいます。

---

40 の答え

ジリジリは、だんだん近づいてくるようすをあらわすことばでもあります。

たての答え

㋐ **さむい冬**…「あつい」のはんたいは「さむい」、「夏」のはんたいは「冬」です。

㋑ **光**…たまごパックのかわりにとうめいなケースや、色ペンのかわりに色セロハンをつかうこともできます。

㋒ **ジリジリ**…太ようが強くてりつけるようすをあらわすことばです。

㋓ **クラベス**…長さやく20cmの2本のぼうをたたき合わせて音を出します。

よこの答え

㋐ **ひっ算**…大きな数の計算をするときに、べんりな計算方ほうです。

㋑ **いねかり**…みのったいねをかりとる作ぎょうです。いねの先に、もみ（からのついた米）がついています。

㋒ **56**…70円－14円＝56円と計算します。

41 の答え

クロスワードの答え（グリッド）

```
    あ
    て        い
  う ん ア て づ く り
イ ま き も の        え
  さ   ひ        す
  こ ウ ひ ら め き
            つ
            ぷ
```

╾ たての答え ╾

- **あ** 天気…すべて天気をあらわしています。ほかにも、かみなりや雪なども天気をあらわすことばです。
- **い** 手のひら…『手のひらを太ように』の歌しは、『アンパンマン』の作しゃの、やなせたかしさんが書きました。
- **う** まさこ…グラフの◯の数を数えると、まさこさんが一番多いことがわかります。
- **え** スキップ…かた足ずつをかわるがわる、かるくとびながらすすむことです。

╾ よこの答え ╾

- **ア** てづくり…読みを「てずくり」と書かないよう気をつけましょう。
- **イ** まきもの…よこに細長い紙やぬのに、字や絵をかき、じくにまいたものです。つたえたいことが多いときに、つかえる方ほうです。
- **ウ** ひらめき…いろいろなかくどから考えると、パッとひらめくかもしれません。

> 📖 気分がかわりやすい人を、天気のように、ころころかわることから「お天気や」といいます。

---

42 の答え

クロスワードの答え（グリッド）

```
ア い ん た ー ね つ と
        い   ん
    あ       ち
イ   さ ん び や く
    ご       く     う
    は え     て     ま
ウ せ ん ち め ー と る
        ー   ぷ     め
            エ む し  る
```

╾ たての答え ╾

- **あ** ねんちゃくテープ…はがすときにあとがつくものもあるので、まちがえてはらないように気をつけましょう。
- **い** 朝ごはん…朝食ともいいます。
- **う** 丸める…正しい送りがなは「帰る」「答える」です。
- **え** チーム…野きゅうは9人チーム、サッカーは11人チームで行うスポーツです。

╾ よこの答え ╾

- **ア** インターネット…インターネットは、近くにおとながいるときにつかいましょう。
- **イ** 300…700 − 400 ＝ 300と計算します。
- **ウ** センチメートル…10mmは1cmです。
- **エ** 虫…「何だ」はようすをあらわすことばです。ふつう、文のおわりにあります。

> 🔦 長さをあらわすたんいは、ほかにも「メートル（m）」「キロメートル（km）」があります。

たての答え

- あ **つなひき**…どちらのチームの力が強いかをきそうきょうぎです。
- い **リズム**…音の強弱や長たんを組み合わせてくりかえす音楽のちょうしのことです。
- う **ほっとした**…心ぱいごとがなくなって、あん心したようすをあらわすことばです。
- え **こんや**…「今」と「夜」の音読みです。

よこの答え

- ア **カタツムリ**…きけんをかんじると、からの中に入ります。デンデンムシ、マイマイともいいます。
- イ **ホチキス**…はりでゆびをはさまないように、ちゅういしてつかいましょう。
- ウ **とびばこ**…木のわくをかさねたはこ形の台です。
- エ **オタマジャクシ**…オタマジャクシに手足が生えてカエルになります。

ア	か	た	つ	む	り
		な		ず	
ウ		ひ		む	
イ	ほ	ち	き	す	
	つ		エ		
ウ	と	び	ば	こ	
	し		ん		
エ	お	た	ま	じ	や	く	し

カタツムリのカラは体の一ぶなので、とることはできません。赤ちゃんのときからあります。

たての答え

- あ **色紙**…ほかのことばは、色をあらわしています。
- い **おもい**…「どんなだ」はようすをあらわすことばです。ふつう、文のおわりにあります。
- う **水やり**…まい日水をやることで、野さいが元気にそだちます。野さいのね元に水をやりましょう。
- え **90**…100cmは1mです。なので、190cmは1m90cmです。

よこの答え

- ア **お月見**…月を見ながら、月見だんごを食べて楽しみます。とくに、秋のまん月の日に行います。
- イ **しっぱい**…木のぼりがうまいサルでも、木からおちることがある、といういみからできたことばです。
- ウ **きまり**…しんごうや道ろひょうしきをまもりましょう。
- エ **じょうぎ**…ものさしは、じょうぎとにていますが、長さをはかる道ぐです。

し		ア	お	つ	き	み
き		も			ず	
イ	し	つ	ぱ	い	や	
		ウ	き	ま	り	
			ゆ			
エ	じ	ょ	う	ぎ		
			じ			
			ゆ			
			う			

「かっぱの川ながれ」「こうぼうにもふでのあやまり」も、「さるも木からおちる」と同じいみです。

45 の答え

① すいぞくかん
② びょういん
③ くうこう
④ コンビニ
⑤ しょうぼうしょ

119番はしょうぼうしょに、110番はけいさつしょに電話がつながります。

答え

① **水ぞくかん**…水にすむ生きものをあつめ、水そうに入れてそだて、生きたままのようすを見せるところです。数が少なくなってしまった生きものをまもり、そだてるやくわりもあります。

② **びょういん**…おいしゃさんがケガやびょう気をしている人をしらべたり、なおしたりするところ。どうぶつせんようのびょういんもあります。

③ **空こう**…ひこうきが、出ぱつしたりとうちゃくしたりするところです。日本にも数多くの空こうがあります。

④ **コンビニ**…小がたのスーパーマーケットです。コンビニエンスは、えい語で「べんり」といういみです。

⑤ **しょうぼうしょ**…火じをけしたり、じこにあった人をたすけたりするためにあります。しょうぼう車は、火をけすそうちのついた車です。

46 の答え

```
    (あ)
(ア) か ま く ら
    み      (い)        (う)
    は      だ          に
(イ) し ん た い         せ
    た   (え)          ん
(ウ)     こ う え ん    さ
(エ) ぞ う き ん         ん
    ゆ                  び
    う                  ゃ
                        く
```

秋田けんでは、2月15日にかまくらを作り、水のかみさまをまつる行じがあります。

たての答え

(あ) **紙はん**…はんがは、紙を切ってはんを作り、インクや絵のぐなどをつけて、それを紙にうつした絵のことです。

(い) **ダイコン**…ダイコンは土の中でそだつ野さいです。はっぱを上から見ると、絵のように広がっていることがわかります。

(う) **2300**…230×10＝2300と計算します。

(え) **9**…数字を小さいじゅんに千のくらいからならべていけば、もっとも小さい数ができます。一番小さい数は、2359です。

よこの答え

(ア) **かまくら**…雪を山のような形にかためて、あなをあけたものです。

(イ) **しん体**…しん体そくていは、体がどのくらいせい長したかを数字でたしかめることができます。

(ウ) **公園**…たくさんの人があそんだり、休んだりする場しょです。

(エ) **ぞうきん**…よごれたぞうきんは、あらってかわかせば、またつかうことができます。

47 の答え

	あ		㋐			い
	た	㋐	た	て	め	
	い		ん	じ		う
	そ		じ		め	
㋑	ぼ	う	は	ん	ぶ	ざ	ー
			ろ			と	る
			つ	え		
㋒	ほ	う	が	く		
			ち			
㋓	だ	が	つ	き		
			わ			

点字は、目のふじゆうな人がゆびでさわって読む、文字のかわりになるでこぼこしたしるしです。

➤ たての答え ◄

㋐ 体そう…体をしっかりのばすことが大切です。おもいきり体をうごかす前に、体そうをすることでケガをふせぐことができます。

い 点字ブロック…足のうらなどでたしかめながら歩けるように、でこぼこになっています。

う メートル…きょうぎ用のプールの長さは、25mや50mです。プールの長さを考えると、25mmや25cmではないことがわかります。

え 内がわ…あんぜんに気をつけながら、電車をり用しましょう。

➤ よこの答え ◄

㋐ たて目…よこ目で紙をやぶると、まっすぐにやぶれません。

㋑ ぼうはんブザー…ぼうはんブザーを鳴らすと、大きな音が出ます。きけんなことがあれば、すぐに鳴らしましょう。

㋒ 方角…4つのことばは方角をあらわしています。

㋓ だがっき…だがっきのほかに、かんがっきやげんがっき、けんばんがっきがあります。

---

48 の答え

㋐	し	ん	ゆ	う		あ	い
			い				ち
			う				の
		㋒	が		え		く
㋑	で	じ	た	る	か	め	ら
	し				い		い
	り		㋒	と	け	る	
	つ				つ		
	と						
㋓	る	ー	る			

かさをあらわすたんいは、ほかにも「mL(ミリリットル)」があります。1L=1000mLです。

➤ たての答え ◄

㋐ 一のくらい…たし算のひっ算は、たす数とたされる数のくらいをそろえてたてに書き、計算します。

い 夕方…「夕」と「方」のくん読みです。

う デシリットル…1Lは10dLです。

え かいけつ…じけんやもんだいが、うまくかたづくことです。かいさんは、あつまっていた人がわかれることです。

➤ よこの答え ◄

㋐ しんゆう…「親」と「友」の音読みです。

㋑ デジタルカメラ…しゃしんをとるときは、とっていいかを、おとなにかならずかくにんしましょう。

㋒ とける…かたまっていたものが、えき体などになることをいいます。

㋓ ルール…スポーツには、それぞれルールがあります。ルールをまもることで、あんぜんに楽しくスポーツができます。

49 の答え

クロスワード（49）

	あ				い
㋐	ざ	い	り	よ	う
	ゆ				ど
㋑	ど	つ	ぐ	ふ	ー	ど	れ
	く		う		み
	さ		ご		の
	つ		ぜ		う
㋒（え）	ひ	ゃ	く	え	ん
	く		ち		た
			ゅ		ゅ
㋓	は	つ	ぴ	よ	う	か	い

ドレミの歌は、ミュージカル
『サウンド・オブ・ミュージック』
の歌の１つです。

┿ たての答え ┿

㋐ **リュックサック**…遠足や町たんけんに行くときは、ふくそうもうごきやすいものにしましょう。

㋑ **ドレミの歌**…ドレミは音の高さをあらわします。

㋒ **午前中**…ならべかえると午前中になります。

㋓ **ひく**…「12−3□2＝7」は、前からじゅんに計算します。12−3＝9となるので、9を7にするためには、ひき算をして9−2＝7となります。

┿ よこの答え ┿

㋐ **ざいりょう**…先につかうざいりょうをじゅんびしてから、作りはじめます。

㋑ **ドッグフード**…ダンゴムシはほかにもキャベツを食べます。

㋒ **100円**…10円×10まい＝100円と計算します。

㋓ **はっぴょう会**…はっぴょうするときは、みんなを見てゆっくり話しましょう。聞くときは、話している人を見てしずかに聞きます。

---

50 の答え

クロスワード（50）

	あ				い
㋐	す	い	と	う	
					し
	う				
	ま		い		
	じ		ぶ		
㋑	じ	ゃ	ん	ぷ	
	わ		ほ		え
	る		き		よ
			ゅ		う
㋒	に	じ	ゅ	う	は	ち
						ゅ
㋓	お	と	う	と		

よう虫からせい虫になる前の、
かたいまくでおおわれたものを
「さなぎ」といいます。

┿ たての答え ┿

㋐ **水分ほきゅう**…あつい日にうんどうするときは水分ほきゅうをしたり、日かげで休んだりしましょう。長時間のうんどうはとくに気をつけましょう。

㋑ **牛**…「何が」に当たることばは牛です。

㋒ **まじわる**…「まぢわる」ではないことにちゅういしましょう。

㋓ **よう虫**…たまごからかえったばかりで、まださなぎやせい虫になっていない虫のことです。

┿ よこの答え ┿

㋐ **水とう**…のみものを入れてもち歩くための入れものです。

㋑ **ジャンプ**…とぶことをえい語で「ジャンプ」といいます。スキーやりく上きょうぎで、とんだきょりや高さをきそうしゅ目の名前に、ジャンプということばがよくつかわれます。

㋒ **28**…4こ×7さら＝28こと計算します。

㋓ **弟**…「だれが」に当たることばは弟です。読み方を「おとおと」とまちがえないようにしましょう。

51 の答え

（クロスワードパズルの盤面）

ア しんぶんし
あ しゅくだい
い ぼーる
う ざりがに
イ りさいくる
ウ しんにゅうせい
え せつぶん
エ としょかん

ABC 新聞紙はえい語で、ニュースペーパーです。ニュース（新しい知らせ）とペーパー（紙）です。

✦— たての答え —✦

- あ **しゅくだい**…5文字を入れかえると、「しゅくだい」になります。
- い **ボール**…野きょうは野きゅうボールを、サッカーはサッカーボールをつかいます。
- う **ザリガニ**…ニホンザリガニやアメリカザリガニなどのしゅるいがあります。
- え **せつぶん**…おに（わるいもの）を外へおい出し、ふくをまねき入れる行じです。

✦— よこの答え —✦

- ア **新聞紙**…まい日くばられる新聞もあれば、月に1度だけくばられる新聞もあります。
- イ **リサイクル**…ふえつづけるゴミをへらすためのしくみです。
- ウ **しんにゅうせい**…かん字を音読みします。
- エ **図書かん**…図書かんでは、いろいろな人が本を読んでいるので、大きな声でおしゃべりしてはいけません。

---

52 の答え

① | 4 | 3 | 0 | 9 |

② | 5 | 7 | こ |

③ | 5 | 0 | 7 |

④ | 3 | 6 | 0 | 分
m

🔍 ふじ山はしずおかけんと山なしけんにまたがる山です。せかいいさんにとうろくされています。

✦— 答え —✦

① **4309**…1000 × 4 = 4000、100 × 3 = 300、1 × 9 = 9、なので4000 + 300 + 9 = 4309というたし算をします。

② **57**…赤いおはじきは24こ + 16こ = 40こ、青いおはじきは17こなので、40こ + 17こ = 57こというたし算をします。

③ **507**…それぞれ計算しましょう。543 − 36 = 507、439 + 71 = 510です。答えをくらべると507のほうが小さい数だとわかります。

④ **360**…15時30分と9時30分は分の数字は同じなので、15時 − 9時 = 6時間とひき算をします。1時間は60分です。6時間は60分 × 6時間 = 360分です。

★ **3776**…ふじ山は日本一高い山で、その高さは3776mです。せかい一高い山のエベレストは8848mです。

53 の答え

たての答え

- ㋐ **ミニトマト**…そっている5〜6まいの花びらがとくちょうで、花びらがおちると赤いみがつきます。
- ㋑ **3035**…1000円さつが3まい、10円玉が3まい、1円玉が5まいです。なので、3000＋30＋5＝3035になります。
- ㋒ **才**…ほかのかん字は家ぞくをあらわします。「才」は、天才や才のうなどのことばにつかい、もって生まれたのう力をあらわすかん字です。
- ㋓ **ちゅうしょく**…「昼」と「食」を音読みします。

よこの答え

- ㋐ **2分の1**…元の長さや大きさの半分は、2分の1であらわすことができます。
- ㋑ **サクラ**…ソメイヨシノやシダレザクラなど、いろいろなしゅるいがあります。日本の国花（国のみんなにあいされている、その国らしい花）とされています。
- ㋒ **しちゅう**…しちゅうとくきをひもでゆるくむすび、野さいや花がたおれるのをふせぎます。
- ㋓ **ヤゴ**…トンボのよう虫で、池やぬまにいます。

元の長さや大きさの、半分は2分の1、半分の半分は4分の1とあらわします。

54 の答え

たての答え

- ㋐ **ふみきり**…ぼうが下がったり音が鳴ったりすると、電車が通ります。ふみきりからはなれて、ぼうが上がるのをまちましょう。
- ㋑ **カエルのがっしょう**…前の人とずらしておいかけるように歌うことを、りんしょうといいます。
- ㋒ **日やけ**…日やけをそのままにすると、はだがヒリヒリしたり、水ぶくれができたりする場合があります。
- ㋓ **うっかり**…気づかずに、ぼんやりして、といういみです。

よこの答え

- ㋐ **かた紙**…紙を切りぬき、切りぬいた紙や切りぬいたまわりの紙をつかって作ります。
- ㋑ **ひりょう**…はたけの土は、ひりょうをまぜて作ることもあります。
- ㋒ **ケガ**…ケガをしたり、ケガをしている人を見つけたりしたら、すぐにおとなに知らせましょう。
- ㋓ **長方形**…長方形の直角の数は4つ、直角三角形の直角の数は1つです。この本の角も直角です。

ふみきりは、遠くから見ても目立つように、黄色と黒色にぬられています。

ひみつのメッセージ

みんな、さいごまでよくがんばったね！
さぁ、下の14このマスに、スペシャルキーワードの文字を書いて、つなげて読んでみよう。
でんせつのどうぶつの正体がわかるよ！

♈9	♈47	♈3	♈26	♈53

♈31	♈16	♈38	♈43	♈14

♈37	♈4	♈30	♈22

数字は
もんだい番ごう
だよ！

おためし
もんだいの
答え

スタッフ

装丁・本文デザイン	佐々木恵実（株式会社ダグハウス）
イラスト	深蔵
問題制作	株式会社スカイネットコーポレーション
校正	木串かつこ
編集協力	小林未季、吉原朋江、藤門杏子（株式会社スリーシーズン）
企画・編集	端香里（朝日新聞出版 生活・文化編集部）

重要語句が身につく！
小学1・2年生の
クロスワードパズル

監　修	国立大学法人 お茶の水女子大学附属小学校
発行者	橋田真琴
発行所	朝日新聞出版
	〒104-8011　東京都中央区築地5-3-2
	電話　（03)5541-8996（編集）
	（03)5540-7793（販売）
印刷所	図書印刷株式会社

©2020　Asahi Shimbun Publications Inc.
Published in Japan by Asahi Shimbun Publications Inc.
ISBN　978-4-02-333332-1